ANDREAS GRUSCHKE # TIBETISCHER BUDDHISMUS

ANDREAS
GRUSCHKE

TIBETISCHER
BUDDHISMUS

DIEDERICHS KOM
PAKT

*Ich danke Astrid Zimmermann für ihre tatkräftige
Unterstützung und ihre wertvollen Anregungen.*

Bibliografische Information Der Deutschen Bibliothek
Die Deutsche Bibliothek verzeichnet diese Publikation
in der Deutschen Nationalbibliografie; detaillierte
bibliografische Daten sind im Internet über
http://dnb.ddb.de abrufbar.

Umschlaggestaltung: Zembsch'Werkstatt, München
Textredaktion: Barbara Imgrund, Heidelberg
Produktion: Maximiliane Seidl
Satz: EDV-Fotosatz Huber/Verlagsservice G. Pfeifer,
Germering
Druck und Bindung: Huber, Dießen
Printed in Germany

ISBN 3-7205-2391-8

INHALT

EINFÜHRUNG

Die buddhistische Religion ist neben politischen Fragestellungen das Erste, was Europäern beim Thema Tibet in den Sinn kommt. Beide Bereiche waren bei den Tibetern jedoch traditionell niemals getrennt. Die Religion bestimmte die gesellschaftlichen wie die politischen Verhältnisse, waren ihre geistlichen Autoritäten doch moralische Instanzen *und* politische Führer. Damit wird deutlich, dass der tibetische Buddhismus, wie er im Westen rezipiert wird, nur einen Teil des Ganzen darstellt. Die im Westen viel diskutierte Frage, ob denn der Buddhismus überhaupt eine Religion sei, wird dadurch entschieden, dass er in den Ländern seiner größten Verbreitung als Religion *gelebt* wird. Die große Mehrheit der buddhistischen Gläubigen Asiens und also auch die Tibeter pflegen religiöse Bräuche und glauben an transzendente Wesenheiten. So ist der Buddhismus in seiner gelebten Praxis eindeutig eine Religion mit einer religiösen Wirkungsgeschichte.

Wir können den tibetischen Buddhismus daher nicht nur als eine Religion oder gar einen Teilaspekt des Buddhismus auffassen. Aufgrund seiner gestaltenden Wirkung auf die Geschichte des »Schneelandes« sowie auf die Gesellschaft und Politik der Tibeter ist er auch und vor allem als eine Gesellschaftsordnung mit politischen und weltanschaulichen Aspekten anzusehen. Dies wird bei der Betrachtung des tibetischen Buddhismus von uns Europäern meist ausgeblendet.

BUDDHISMUS UND TIBETISCHER BUDDHISMUS

Wo liegt das größere Gemeinsame, wo der Unterschied zwischen dem »konventionellen« Buddhismus und seiner tibetischen Ausprägung? Eine der Übereinstimmungen liegt in der so genannten Zufluchtnahme. Sie wird angezeigt durch das Rezitieren der Formel: »Ich nehme Zuflucht zum Buddha [dem ›Erwachten‹], ich nehme Zuflucht zum Dharma [seiner Lehre], ich nehme Zuflucht zum Sangha [der Gemeinschaft der Lehre].« Wer zu Buddha, seiner Lehre und seiner Gemeinde Zuflucht nimmt, ist nach allgemeiner Auffassung Buddhist.

Auf diese Weise wird der Buddhismus bereits als eine Religion, zu der man »übertreten« kann, aufgefasst. Buddha forderte jedoch weniger ein Glaubensbekenntnis, wie wir oder die Muslime es kennen, als vielmehr die Übernahme von Eigenverantwortung auf dem Weg zur eigenen Erlösung.

Zwischen der buddhistischen Praxis eines Theravada-Anhängers in Thailand und der eines Nomaden im tibetischen Hochland liegen ebensolche Welten wie zwischen den Glaubensvorstellungen eines einfachen Gläubigen und jenen eines gelehrten Mönchs. Dies trifft zwar für die anderen Weltreligionen ebenfalls zu, doch wird dieser Aspekt kaum irgendwo so ausgeklammert wie bei der tibetischen Form der Lehre Buddhas. Der Kerngedanke mag bei allen Buddhisten derselbe sein, doch die Unterschiede in philosophischen Auslegungen, ontologischen Spekulationen und ritueller Praxis sind insgesamt größer als die zwischen Judentum, Christentum und Islam. Angesichts solcher Vielfalt irritiert bereits der einheitliche Begriff »Buddhismus«. Im Gegensatz dazu steht die Vielfalt der allein schon für die tibetische Form des Buddhismus gebräuchlichen Bezeichnungen.

BEGRIFFLICHKEIT

Die Tibeter selbst bezeichnen ihren Glauben einfach als *Chö* (*Chos*), was »Gesetz, Lehre« bedeutet und eine Übersetzung des Sanskrit-Begriffs *Dharma* darstellt. Eine strikte Abgrenzung von anderen Religionen fand intern nicht statt. Lediglich gegenüber der Volksfrömmigkeit wurde die Lehre Buddhas als *die* Lehre schlechthin abgehoben. Andere Glaubensformen erfuhren keine Ablehnung – sie dienen noch immer der Bewältigung der täglichen Sorgen, während die Erlösung nur auf dem Weg des Buddha zu erlangen ist.

Wer sich in westlichen Publikationen über die tibetische Ausprägung des Buddhismus informieren will, stolpert zwangsläufig über eine Vielzahl von Bezeichnungen, die zwar seine inhaltliche Vielfältigkeit widerspiegeln, den Leser aber auch verwirren: Lamaismus, Vajrayana, Diamant-Fahrzeug, Tantrayana oder tantrischer Buddhismus, zuweilen auch esoterischer Buddhismus, seltener Mantrayana und Phalayana. Sie alle beziehen sich, unter Betonung unterschiedlicher Aspekte in der Ausrichtung, auf die nach dem so genannten Kleinen und dem Großen Fahrzeug dritte große Schulrichtung des Buddhismus, die in Indien entstand und sich später in anderen Gebieten ausbreitete.

Da Tibet die Region mit der längsten ungebrochenen Tradition dieser Form des Buddhismus ist, bietet sich die Bezeichnung »tibetischer Buddhismus« an. Mit eingeschlossen wird damit eine Vielzahl religiöser Phänomene, die ureigenste Zutaten der Menschen auf dem Dach der Welt sind, sodass sich die originär indische Entwicklung schließlich an die spezifischen tibetischen Verhältnisse anpasste.

Der Begriff Vajrayana leitet sich vom Vajra ab, der als eines der wichtigsten Ritualinstrumente im tibetischen Buddhismus als Symbol für das unzerstörbare wahre Wesen der Dinge steht – der Härte eines Diamanten vergleichbar. Daher hat sich die Bezeichnung »Diamant-Fahrzeug« als deutsche Entsprechung eingebürgert. Betont werden in dieser Schulrichtung die rituellen Heilsmittel des Tantrismus, weshalb häufig die Begriffe »tantrischer Buddhismus« oder »Tantrayana« verwendet werden. Wenn diese auch als aus Indien stammend und typisch für Tibet betrachtet werden, darf dabei nicht übersehen werden, dass es auch andere spezifische Ausprägungen gab. Speziell der chinesische tantrische Buddhismus ist zu erwähnen, der dem tibetischen Buddhismus im späten 1. Jahrtausend manche Anregung zuteil werden ließ.

Unentbehrlicher Führer auf den Heilswegen des Tantrayana ist der Lehrer, der Lama. Er gilt als derjenige, dem es aufgrund seiner Einsicht in die Natur der Wirklichkeit gegeben ist, Schüler auf den risikoreichen tantrischen Heilsweg zu führen. Es ist diese eminente Bedeutung des Lamas und seine sich daraus entwickelnde Funktion in der tibetischen Gesellschaft und Politik, die dem System des tibetischen Buddhismus den Namen Lamaismus einbrachte. Mehr als die anderen Begriffe bezeichnet dieser ausschließlich die von den Tibetern geprägte Form des Dharma.

Doch gerade die Bezeichnung »Lamaismus« wird wegen ihrer Betonung des äußeren Erscheinungsbilds und ihrer Überbetonung der Rolle des Lamas häufig abgelehnt – insbesondere durch den 14. Dalai Lama. Gleichwohl soll der Begriff hier ebenfalls verwendet werden, weil er wie kein anderer den hervorstechendsten tibetischen Aspekt des Vajrayana bezeichnet: die vom Lama geprägte monastisch-gesellschaftliche Ordnung.

Dadurch, dass der Vajrayana in seiner weiteren Entwicklung zahlreiche, teilweise magische Elemente der autochthonen vorbuddhistischen Bön-Religion und der Volksfrömmigkeit Tibets mit einbezog, gewann er an Farbigkeit und Vielfalt. Infolge der Betonung des okkulten Charakters durch die Theosophen, die im Westen die Beschäftigung mit dem Lamaismus initiierten, und die Bedeutung so genannter Geheimlehren bürgerte sich auch die Bezeichnung »esoterischer Buddhismus« ein.

Dieser Begriff ist jedoch ganz und gar abzulehnen, da die Esoterik im Westen inzwischen als Sammelbegriff fungiert: Er fasst übersinnliche Erfahrungen und Phänomene sowie okkulte Praktiken und Lehren zusammen und steht längst nicht mehr für den ursprünglich okkulten Schulungsweg Eingeweihter, sondern wird als Angebot an breite Bevölkerungsschichten verstanden. Dieses Angebot ist inzwischen zu einem Supermarkt der Spiritualität verkommen, der dem Wohlstandsbürger vorgaukelt, dass sich selbst hochkomplexe Inhalte konsumieren oder auf vielfach dubiosen Seminaren auf die Schnelle vermitteln lassen. In diesem Rahmen werden auch Inhalte des tibetischen Buddhismus und der Kultur Tibets instrumentalisiert und »verkauft«. Der ursprüngliche, von den Tibetern und ihren Nachbarvölkern gepflegte tantrische Buddhismus sollte davon aber sorgfältigst abgegrenzt werden.

Wenn sich schon die Frage der richtigen Bezeichnung nicht leicht beantworten lässt, so kommt zur Vielfalt der verwirrenden Begriffe noch deren Herkunft aus unterschiedlichen Sprachen und Schriftsystemen hinzu – als da wären Pali, Sanskrit und Tibetisch. Deren lautliche Übertragung in westliche Sprachen stellt ein weiteres Problem dar. In gewisser Weise spiegelt sich schon in der Sprache und ihren Begrifflichkeiten der Geheimlehren-Charakter des tibetischen Buddhismus wider, der es erforderlich macht, den Adepten erst nach und nach in das Erlösungswissen einzuführen und allmählich von einer Stufe auf die nächsthöhere voranschreiten zu lassen.

DIE HISTORISCHE ENTWICKLUNG DER TIBETISCH-BUDDHISTISCHEN GEDANKENWELT

DIE LEHRVERKÜNDUNG DURCH GAUTAMA BUDDHA

Die buddhistischen Lehren gehen zurück auf den Prinzen Gautama Siddharta aus dem Fürstengeschlecht der Shakya, über dessen Lebensdaten keine Einigkeit herrscht. Die verschiedenen Überlieferungen datieren seine Lebenszeit auf das 6./5. beziehungsweise 5./4. Jahrhundert v. u. Z. Getrieben von der Frage nach dem Grund für die Leiden der Menschen, suchte der Buddha auf unterschiedlichen Wegen nach der Erlösung. Er hatte dabei erkannt, dass alle Extreme – das Wohlleben voll Lust und die Askese voll Schmerzen – nicht als Methoden, die zur Einsicht führen, taugen. Nur der mittlere Weg zwischen den Extremen konnte dorthin führen.

Mit der Erleuchtung in der Nähe des heutigen Bodhgaya war der Sramana Gautama zum »Buddha« geworden und damit aus dem *Samsara*, dem Wiedergeburtenkreislauf, erlöst: Er hatte das Verlöschen – Nirvana – zu Lebzeiten erreicht. Dennoch war die Zeit für sein physisches Verlöschen noch nicht reif. Auf das Drängen eines Brahmanen entschloss er sich, seine Erkenntnisse jenen, die hören wollten, mitzuteilen.

Er hielt seine erste Lehrrede im Gazellenhain von Benares und setzte so das Rad der Lehre in Gang. Der Buddha verkündete, dass drei Grundübel uns zwingen, in der Vergänglichkeit eines Daseins, im Samsara, verwurzelt zu bleiben: Anhaftung, Hass und Unwissenheit. Sie lassen uns alle Existenz als leidvoll und schmerzhaft erfahren und müssen daher überwunden werden. Den Weg dahin zeigen uns die vier edlen Wahrheiten: die von der Existenz des Leidens, seiner Entstehung, seiner Aufhebung und vom Weg, der zur Aufhebung des Leidens

führt. Zuletzt verkündete er den achtfachen Pfad, der die
Schulung in Sittlichkeit, Meditation, Weisheit und Einsicht beinhaltet.

DIE AUSBREITUNG
DES BUDDHISMUS NACH TIBET

Nach Buddhas Tod führten voneinander abweichende
Auslegungen seiner Grundgedanken zur Ausbildung verschiedener Schulen. Aus seinen ursprünglichen Lehren
bildete sich ab der Mitte des 4. Jahrhunderts v. u. Z. jene
buddhistische Richtung heraus, deren Inhalte und Praxis
dem heutigen Theravada in Südostasien und Sri Lanka
entsprechen. Darin ist jeder Einzelne selbst für seine Erlösung verantwortlich: Er rudert gewissermaßen allein in
einem Boot über das Meer des Daseins. Die persönliche
Glaubensstärke ist der Schlüssel, der ihm das Tor zur Erlösung öffnet.

Um die Zeitenwende entwickelte sich eine Richtung,
die diese Einzelerlösungslehre abwertend als Kleines (*Hinayana*) und sich selbst als Großes Fahrzeug (*Mahayana*)
bezeichnete. Sie übte eine so große Anziehungskraft aus,
dass sie in den ost- und zentralasiatischen Missionsgebieten die Führung übernahm. Nicht nur ihre tiefsinnige
Philosophie und die eindrücklichen Rituale überzeugten
die Menschen; auch durch ihre altruistische Ethik und
den Glauben an die heilsvermittelnde Gnade überirdischer Wesen (Buddhas und Bodhisattvas) gewann diese
Form des Buddhismus immer mehr Anhänger.

Tibet schien damals noch nicht reif für die Lehre Buddhas. So lässt zumindest eine alte Legende vermuten, die
erzählt, dass im Jahre 463 bereits die ersten buddhistischen Schriften auf den Palast des Königs Lhatotori
herabgefallen seien, ihr Sinn damals aber noch nicht verstanden wurde. Erst nachdem ab Mitte des 1. Jahrtausends u. Z. innerhalb des Mahayana allmählich jene
Form des Buddhismus heranwuchs, die das Heilsziel
über neue Wege – wie die Verwendung magischer Formeln und Praktiken sowie Methoden des indischen Tant-

...ismus – zu erreichen suchte, begann sich die Lehre Buddhas in Tibet zu verbreiten.

Als der erste historisch fassbare tibetische König Songtsen Gampo 641 das politische Zentrum seines Reichs nach Lhasa verlegte, wurde unter dem Einfluss seiner nepalesischen und chinesischen Ehefrauen das wichtigste buddhistische Heiligtum Tibets gegründet: der Jokhang-Tempel. Die Regierungszeit des Königs Trisong Detsen (755–797) ist für die Verbreitung des Buddhismus von größter Bedeutung, denn mit dem Ruf des indischen Tantrikers Padmasambhava an den königlichen Hof wurde der Buddhismus zur Staatsreligion erhoben.

Die drei nachfolgenden Könige förderten den Buddhismus weiterhin, gründeten Klöster und übertrugen ihnen Privilegien, die früher nur dem Adel zustanden. Als König Rälpachen erbliche Regierungsposten der Aristokratie mit Mönchen besetzte, wurde er um 838 von unzufriedenen Adeligen ermordet. Unter seinem Nachfolger Langdarma, der als Bön-Anhänger für die erste große Buddhistenverfolgung in Tibet verantwortlich zeichnete, wurden die Spuren der fremden Religion fast völlig ausgemerzt. Nachdem auch er einem Mordanschlag zum Opfer gefallen war, führten Nachfolgestreitigkeiten zu Anarchie und Zerfall. Damit war nicht allein die Macht des großtibetischen Reichs gebrochen und sein Untergang besiegelt: Auch der Buddhismus in Tibet erholte sich ein ganzes Jahrhundert lang nicht davon.

Während der Buddhistenverfolgungen unter Langdarma flohen viele Mönche in die Randgebiete des Königreichs. In Westtibet errichtete sein Sohn Ö-Sung ein Reich mit dem Namen Guge. Der Friede belebte den tibetischen Buddhismus dadurch wieder, dass Kontakte zu Indien möglich wurden. Auch das Vordringen des Islam auf die Seidenstraße spielte bei der buddhistischen Erneuerung in Tibet eine Rolle, da Mönche aus Khotan, einem der wichtigsten zentralasiatischen Zentren des Mahayana, zur Flucht ins Hochland gezwungen waren. In Osttibet gewährleistete der Austausch mit chinesischen Mönchen die Aufrechterhaltung der buddhistischen Tradition.

König Yeshe-Ö sandte um 970 den begabten Mönch Rinchen Sangpo (958–1055) zum Studium nach Indien, wo er fast zwei Jahrzehnte blieb. Die zweite Ausbreitung der buddhistischen Lehre wird vor allem seinem Wirken zugeschrieben, gilt er doch als bedeutendster Übersetzer buddhistischer Schriften ins Tibetische. Als der indische Weise Atisha im Jahr 1042 einer Einladung nach Guge folgte, traf er in Toling auf Rinchen Sangpo. Das Zusammentreffen der beiden markiert den Beginn der buddhistischen Renaissance und den ersten Schritt zur Entwicklung der tantrischen Tradition in Tibet.

DIE ORDENSBILDUNG

Nach dreijährigem Wirken wurde Atisha nach Zentraltibet eingeladen. Er machte es sich zur Aufgabe, die Lehren des Buddha wieder klar von ihrer Vermengung mit den Riten und Bräuchen des Bön abzuheben. Ferner führte er den Zölibat für die Mönche ein und stellte das Studium der Mahayana-Philosophie in den Mittelpunkt der klösterlichen Ausbildung. Sein Wirken hinterließ bleibende Spuren, vor allem auch dank seines Hauptschülers Dromtön (1005–1064), der den Kadampa-Orden, Tibets ältesten Reformorden, gründete.

Neben den Nyingmapa, die unmittelbar an die Tradition der Ersten Verbreitung der Lehre anknüpften, entstanden weitere Schulrichtungen, deren Lehrauslegung auf einer neu überarbeiteten Übersetzung der indischen buddhistischen Schriften fußte. Ihre Lehren wurden in eigenen Überlieferungslinien tradiert und fanden entsprechend dem Charisma ihrer Lehrer schnell weite Verbreitung. In Südosttibet gründete Marpa (1012–1097) die Schule der Kagyüpa; einer seiner Schüler sollte später zum berühmtesten tibetischen Dichter und Mystiker werden: Milarepa (1040–1123).

In den folgenden zwei Jahrhunderten übernahm ein anderer buddhistischer Orden in Tibet die Führung. Bei einem hellen Gesteinsfleck in Südtibet, wo Atisha einst eine Vision des Bodhisattva Manjushri hatte, gründete

1073 der Gelehrte Khön Könchog Gyälpo (1034–1102) die Schule von Sakya – sie wurde nach dem örtlichen Kloster benannt, dessen Name »fahle Erde« bedeutet und sich auf den Ort von Atishas Vision bezieht. Als der Mongolensturm Tibet zu erfassen drohte, reiste ihr Patriarch Sakya Pandita (1182–1251) an den Hof von Göden Khan, um ihm die politische Unterwerfung anzubieten. Dafür wurde er zum Statthalter in Tibet ernannt.

Die besondere Protektion der zentralasiatischen Macht setzte sich unter seinem Nachfolger Phagpa (1235–1280) fort. Dieser gewann am Hof Kublai Khans so großen Einfluss, dass der tibetische Buddhismus auch in der mongolischen Führungsschicht Anhänger fand. Die weltliche Macht der Sakya-Patriarchen begründete in der Folge zum ersten Mal eine Art tibetische Theokratie, die mit Sakya als Zentrum eines Klosterstaates die politische Führung in Tibet übernahm. Eine starke Verweltlichung der klösterlichen Interessen konnte damit nicht ausbleiben.

Im Lauf weniger Jahrhunderte wuchs die monastische Kultur Tibets in beträchtlichem Maße weiter. Neue Zweigschulen wurden gegründet, die sich zur Ausweitung ihres Einflusses an weltliche Machthaber hielten. Mit dem Ende der mongolischen Yuan-Dynastie zerfiel die Zentralgewalt Sakyas jedoch. Nun wurde der Einfluss der gelehrten Mönche für die politische Vormachtstellung instrumentalisiert. Vor allem die verschiedenen Kagyüpa-Zweigschulen taten sich nach dem Niedergang Sakyas hervor.

Die Mönche verstießen immer häufiger gegen die Regeln des klösterlichen Lebens, und tantrische Riten dienten vermehrt als Vorwand, ein für buddhistische Verhältnisse äußerst lasterhaftes Leben zu führen. Die Schwächen der Menschen und besonders der Mönche waren an der Schwelle zum 15. Jahrhundert Anlass für die Gründung des letzten Reformordens in Tibet, der sich zum politisch bedeutsamsten entwickeln sollte.

Der Mann, der hinter dem religiösen Neubeginn stand, wurde 1357 im nordosttibetischen Amdo geboren: Tsongkhapa (1357–1419). Im Alter von sieben Jahren trat er in ein Kloster der Kadampa ein, wo er große Studienfortschritte machte und mit 16 Jahren zur weiteren Ausbildung in die zentraltibetischen Provinzen geschickt wurde. Dort lernte er die Schriften und Lehrmeinungen der verschiedenen Orden kennen, allerdings auch den bedauernswerten Zustand der monastischen Disziplin. Mehrere Orden gestatteten gar Eheschließungen, sodass Mönche familiär gebunden waren. Darin sah Tsongkhapa die Erlärung dafür, warum ihr Kontakt zu weltlichen Dingen zu intensiv geworden war.

Um die buddhistische Ethik zu erneuern, führte er daher den Zölibat ein und förderte eine strenge klösterliche Hierarchie. Dank der solchermaßen vorgelebten Rückbesinnung auf die mönchischen Gebote als Kern der Lehre hinterließen seine Ideen großen Eindruck bei den Menschen, und aus der ursprünglich kleinen Schar seiner Anhänger entwickelten sich rasch größere Mönchsgemeinden. Wegen ihrer strikten Ordensdisziplin wurden sie Gelugpa, »die Tugendhaften«, genannt.

1409 wurde als erstes Gelugpa-Kloster Ganden gegründet. In rascher Folge stifteten Tsongkhapas bedeutendste Schüler die Klöster Drepung und Sera bei Lhasa sowie das Kloster Tashilhünpo in Shigatse. Diese entwickelten sich später zu wahren Großklöstern. Die Äbte Gandens verhalfen durch ihr schriftliches Wirken den Gelugpa zu hohem Ansehen und damit großem Zustrom, während sich die rivalisierenden Orden in andauernden Kämpfen gegenseitig schwächten.

Gedündup (1391–1475), einer der beiden Hauptschüler Tsongkhapas, übernahm nach dessen Tod die Führung der wegen der Farbe ihrer Zeremonialhüte oft »Gelbmützen« genannten Schulrichtung. Gedündups zweite Reinkarnation wurde in der Gestalt Sönam Gyatsos (1533–1588) Abt des Klosters Drepung und Oberhaupt der Gelugpa. 1578 traf dieser in Amdo mit dem Mongolen Altan Khan zusammen, der sich zum Buddhismus hingezogen fühlte. Er konnte den Fürsten für den tibetischen Buddhismus gewinnen und wurde fortan mit dem Titel Dalai Lama geehrt.

Dieser Titel wird – als Zeichen der Anerkennung – mit »Ozean der Weisheit« übersetzt, bedeutete ursprünglich jedoch nichts weiter als »der Lama [mit dem Namen] Gyatso«, den er und alle seine Nachfolger tragen. Dessen wörtliche Bedeutung »Ozean« wurde mit *dalai* einfach auf mongolisch übersetzt, wodurch sich der Gelugpa-Patriarch von den anderen in China und der Mongolei wirkenden Lamas abhob.

DIE VERBREITUNGSGESCHICHTE DES TIBETISCHEN BUDDHISMUS

Mit der Eroberung Asiens durch die Mongolen hatte im 12. Jahrhundert die buddhistische Mission unter ihnen begonnen. Im 16. Jahrhundert forcierten alle bedeutenden lamaistischen Schulen die Verbreitung des Buddhismus in der Mongolei, nicht zuletzt in dem Bestreben, ihre Position in Tibet mittels der mächtigen Schutzherren zu stärken. Diese zweite Bekehrung der Mongolen begründete ihre enge Beziehung zum Gelugpa-Orden, die durch die Auffindung der folgenden Dalai-Lama-Reinkarnation in der Mongolei noch mehr gefestigt wurde.

Durch militärische Unterstützung ermöglichten sie es den Gelugpa, sich ab 1642 politisch endgültig durchzusetzen und den bis ins 20. Jahrhundert hinein herrschenden tibetischen Kirchenstaat zu begründen. Der Mongolenfürst Gushri Khan brach die weltliche Macht des tibetischen Königs von Tsang und übertrug sie dem 5. Dalai Lama Ngawang Losang Gyatso (1617–1682). Damit endete die bis dahin bestehende Dominanz des Karmapa-Ordens, während die Gelugpa ihr Staatswesen etablieren und ausdehnen konnten.

Von der Mongolei gelangte die tibetische Ausrichtung des Vajrayana in die südsibirischen Gebiete Russlands, insbesondere zu den Burjäten und Tuwinern. Die ab 1618 an die Wolga gezogenen Kalmücken brachten den tibetischen Buddhismus erstmals auf europäischen Boden. Die dortige Auseinandersetzung mit seinen Inhalten begann jedoch erst über die fragwürdige Vermittlung der 1875 von Helena Blavatsky und Henry Steel Olcott gegründeten Theosophischen Gesellschaft.

In China wuchs der Einfluss tibetischer Lamas bereits früh, da der 5. Dalai Lama Kontakt mit dem mandschurischen Kaiserhof pflegte. Sein Aufenthalt in Peking von 1651 bis 1653 vertiefte die guten Beziehungen. Man setzte die schon in der Vorgängerdynastie der Ming (1368–1644) geübte Politik kaiserlicher Kloster- und Tempelstiftungen fort; darüber hinaus wurden buddhistische Tempel in Nordchina den Gelugpa unterstellt. In der chinesischen Hauptstadt und der Sommerresidenz Jehol gründete man lamaistische Klöster.

Im südlich an Tibet anschließenden Himalaja etablierte sich der Lamaismus ebenfalls schon früh. Hier spielten die Präsenz tibetischer Volksgruppen und deren enge Verbindung zu klerikalen Machtgruppen Südtibets eine Rolle. Außerdem flohen jahrhundertelang hohe Lamas aufgrund von politischen, mit den Orden verknüpften Kämpfen in Tibet in die südlichen Nachbarregionen. Nachdem die Gelugpa in Zentraltibet die Oberherrschaft erlangten, wandelten sie viele Klöster der unterlegenen Orden unter Zwang in Gelugpa-Konvente um. Die Kagyüpa-Zweigschule der Drugpa beispielsweise geriet in Südtibet unter Druck, fand aber im südlich benachbarten Raum Zuflucht und gründete dort ihren eigenen Staat – Bhutan.

BLÜTEZEIT UND VERFALL DER MONASTISCHEN ORDNUNG

Innen- und außenpolitische Entwicklungen führten dazu, dass die Machtverhältnisse in Tibet ins Wanken gerieten. Durch einfallende Heere, die brandschatzend und mordend durchs Land zogen, erlebten Klöster und Burgen bis dahin beispiellose Plünderungen, weshalb mehrmals Truppen des mandschu-chinesischen Kaisers zu Hilfe gerufen wurden.

Den nationalen Strömungen in der tibetischen Aristokratie zum Trotz gewöhnten sich die tonangebenden Lamas schließlich an das Patronat der Mandschu-Schutzmacht, sodass sich in den verschiedenen Regionen Tibets die Orden als Hausmacht einrichteten. Von größter Ausdehnung war die in Lhasa etablierte Gelugpa-Administration, deren Machtbereich formell die heutige autonome Region Tibet umfasste. Eine zweite von den Gelugpa dominierte Region war die nördliche Hälfte von Amdo. Im südlichen Teil waren sie jedoch nur punktuell vertreten und in Kham lediglich entlang der großen Handelswege. Das Hinterland Osttibets blieb das Rückzugsgebiet für die Nyingmapa-, Sakyapa- und Kagyüpa-Orden.

Die Vormachtstellung der Gelugpa in weiten Räumen des tibetischen Hochlands hatte es ihnen erlaubt, ihre scholastischen Tendenzen zu verstärken. Ihre Großklöster entwickelten sich zu regelrechten Universitäten, aus denen sich die Führungselite des monastischen Staatswesens rekrutierte. Diese Entwicklung gipfelte in der Zeit des 13. Dalai Lama (1876–1933) in der Vorstellung, dass die Fortschritte in der Entwicklung des Buddhismus an der Zahl der Mönche in den Klöstern zu messen seien. Die Neigung des chinesischen Hofs, Lamas mit kaiserlichen Mitteln zu »belohnen«, führte überdies dazu, dass in den Klöstern immer mehr Mönche lebten, die an einem spirituellen Leben wenig interessiert waren.

Der Niedergang der monastischen Ordnung war damit vorprogrammiert und wurde zuerst im ethnisch gemischten Nordosttibet offenbar, wo in mehrheitlich muslimisch und han-chinesisch besiedelten Regionen die Kosten für die tibetischen Mönche aus der kaiserlichen Kasse bestritten wurden. Mit dem Sturz des Kaiserhauses 1911 und der Ausrufung der Republik endete diese Subventionierung der Klöster schließlich, und die Anzahl der Mönche ging entsprechend schnell zurück.

DIE RIME-BEWEGUNG

In den osttibetischen Regionen weiter südlich stellte sich die Lage anders dar. Dort stießen die Klöster der mehrheitlich tibetischen Bevölkerung auf breite Zustimmung und konnten ihre Aufgaben weiter in vollem Umfang wahrnehmen. Allerdings hatten die Lamas begonnen, die bestehende monastische Ordnung, ihre Disziplin und Inhalte, einer Prüfung zu unterziehen – wohl mit Blick auf die sektiererischen Auseinandersetzungen in Tibets Geschichte und auf sozialreformerische Gedanken, die sich über China und Osttibet ausbreiteten.

Mitte des 19. Jahrhunderts initiierte der Sakyapa-Lama Jamyang Khyentse Wangpo (1820–1892) in Kham eine sektenübergreifende Bewegung, die eine eigene, quasi »ökumenische« Tradition ausbildete. Sie nennt sich »unparteiisch« (*Rime*) und tritt den Überlieferungen sämtlicher Schulen unvoreingenommen gegenüber; sie erkennt diese als eigenständig und gleichrangig an und sucht sie aus dem Blickwinkel einer lamaistischen Gesamtschau neu zu deuten. Um auf der Basis eines nichtsektiererischen Verständnisses die vielfältigen tantrischen Überlieferungen Tibets zu sammeln, neu zu publizieren, zu kommentieren, in der Meditation zu verwirklichen und an kommende Generationen weiterzugeben, fanden sich in dieser Bewegung zahlreiche bedeutende Lamas der verschiedenen tibetischen Traditionen zusammen.

ZERSTÖRUNG UND ERNEUERUNG

Im 20. Jahrhundert erlitt der tibetische Buddhismus massive, politisch bestimmte Rückschläge. Die Äußere Mongolei erklärte mit dem Ende des chinesischen Kaiserreichs 1911 ihre Unabhängigkeit und setzte ihre höchste Gelugpa-Inkarnation, den Jebtsündampa Khutuktu, als Staatsoberhaupt ein. Nachdem das Land 1924 in eine Volksrepublik umgewandelt worden war, richtete sich sechs Jahre später eine atheistische Kampagne gegen den lamaistischen Klerus. Rund 700 Klöster und Tempel wurden binnen kürzester Zeit zerstört und ihre Mönche – sofern sie der Verfolgung entgingen – ins weltliche Leben entlassen.

Die Zahl der tibetischen Mönche ging insbesondere in Amdo seit den 30er Jahren sukzessive zurück, und auch von kommunistischen Umstürzen blieb das »Schneeland« nicht verschont. Mit dem Einmarsch der chinesischen Volksbefreiungsarmee ab 1950 wurde dem buddhistischen klerikalen Staatswesen Tibet ein jähes Ende gesetzt. Der Machtbereich des Dalai Lama blieb in seinen inneren Strukturen zunächst unangetastet und eine Reform ihm selbst überlassen.

In den übrigen tibetischen Gebieten, für die diese Vereinbarungen nicht galten, begannen entsprechend dem Vorgehen in China Enteignungen, Vergesellschaftungen und Säkularisierungen. Das führte in Osttibet zu Aufständen und Unruhen, die mehr und mehr auf Lhasa übergriffen. Das Ganze gipfelte in dem berühmten Volksaufstand von 1959 in Lhasa, bei dessen Gelegenheit der Dalai Lama und viele hohe Lamas aller Orden in die Länder südlich des Himalajas flohen. In einem ersten Bildersturm wurden in Osttibet 1958/59 viele Klöster geschlossen und zerstört, während die Kulturrevolution (1966–1978) die verbliebenen monastischen Institutionen massiv dezimierte. Mitte der 70er Jahre gab es gerade noch ein Dutzend unversehrter Klöster und Tempel, die von wenigen Mönchen betreut wurden.

Im indischen Exil begann der 14. Dalai Lama mit einer Rekonstruktion der buddhistischen Mönchsgesellschaft. Während die tibetische Exilgemeinde formell in demokratischer Form organisiert wurde, erstand das klerikale System neu im traditionellen Gewand. In den Jahrzehnten, in denen keine Verbindung zu den Klöstern und Gemeinden in der alten Heimat Tibet bestand, bildeten sich über die Gründung von Meditations- und Studienzentren in Europa und den USA Strukturen heraus, die engere Beziehungen zu Tibet-Unterstützergruppen unterhielten als zu Tibetern in der Volksrepublik China. Die inzwischen weltweite Verbreitung des tibetischen Buddhismus brachte eine rege Reisetätigkeit vieler Vertreter des lamaistischen Klerus und besonders des Dalai Lamas mit sich.

1979 besuchte die erste Delegation des Dalai Lamas Tibet und stellte dort bestürzende Zustände fest. Bei einer Delegationsreise chinesischer Regierungsvertreter fanden die Berichte traurige Bestätigung. Daher wurde mit den 80er Jahren eine Kehrtwende in der Tibetpolitik eingeleitet, die nicht nur die Wirtschaft betraf, sondern auch wieder religiöse Betätigung erlaubte und den Wiederaufbau von Klöstern und die Rückkehr von Mönchen gestattete.

Seitdem jedoch 1987 in Lhasa Unruhen aufflackerten und dem Dalai Lama zwei Jahre später der Friedensnobelpreis verliehen wurde, führen in Peking wieder die politischen Hardliner das Wort. Jeder oppositionellen Regung, die in Tibet oft von Mönchen und Nonnen ausgeht, begegnen sie mit Repression. Dennoch ist ein Wandel im Klosterwesen Tibets unübersehbar: Innerhalb von zwei Jahrzehnten wurden fast alle ehemaligen Klöster und Tempel wieder aktiv. Viele von ihnen restaurierte man in großem Umfang – und zwar nicht nur diejenigen, die von Touristen besucht werden.

Heute leben wieder etwa 150 000 Mönche, Novizen und Nonnen in den Klöstern Tibets. Im Hochland sind wohl wieder über 3 000 religiöse Institutionen aktiv: Klöster aller buddhistischen Orden und der Bön-Religion. Teilweise entwickeln sie sich in den alten Strukturen, teilweise aber nehmen sie über Kontakte mit Exiltibetern und dem Westen neue Impulse auf. Tibet ist gewiss noch weit von einer umfassenden Religionsfreiheit entfernt. Das Wiederaufleben der klösterlichen Kultur jedoch, die Bemühungen um die qualitative Verbesserung der Lehre und die Wiederbelebung der mit den Ideen des tantrischen Buddhismus verknüpften, künstlerisch und ikonographisch sorgfältig ausgeführten Malerei nötigen jedem Beobachter eine gehörige Portion Ehrfurcht ab.

Seit den 80er Jahren, als man schon glaubte, der tibetische Buddhismus sei zu einem Phänomen verkümmert, das nur noch im Exil, in den kleinen buddhistisch geprägten Himalaja-Regionen Nordindiens, Nepals und Bhutans sowie in einer wachsenden westlichen Gemeinde Bestand habe, ist der Lamaismus am Anfang des 21. Jahrhunderts wieder zu einer tibetischen Angelegenheit geworden.

WELTANSCHAULICHE GRUNDLAGEN DES TIBETISCHEN BUDDHISMUS

Die verschiedenen tibetischen Orden mögen in ihren Lehrauslegungen noch so unterschiedlich sein, im Ziel ihrer Bemühungen sind sie sich doch einig: Das Verlassen des als Samsara bezeichneten Daseinskreislaufs und damit der Eingang ins Nirvana ist der Endpunkt allen Strebens.

Jedes Wesen ist nach buddhistischer Vorstellung in einem endlosen Kreislauf von Sterben und Wiedergeborenwerden gefangen. Er beruht darauf, dass alle irdischen, unter- und überweltlichen Wesen den Gesetzmäßigkeiten von Ursache und Wirkung allen Tuns unterliegen, dem *Karma(n)*. Nur wenn diese Gesetzmäßigkeiten durchschaut und alles Karma beseitigt ist, kann Samsara unterbrochen und damit beendet werden.

Das Dasein des Menschen ist geprägt von der Vergänglichkeit des Lebens. Geblendet von Äußerlichkeiten und dem Wissen, dass alles flüchtig ist, zum Trotz klammert er sich daran fest und will immer mehr davon. Selbst der Augenblick größter Freude birgt in sich die Trauer, dass er bald vorüber sein wird. Der unwissende Mensch richtet sein ganzes Bemühen darauf, sich an diese vergänglichen Daseinserscheinungen zu binden, und erfährt so nur umso mehr Leid.

Leid, wie es die Buddhisten verstehen, entsteht demzufolge durch die so genannten drei Grundübel Anhaftung, Aggression und Unwissenheit. Sie halten das Samsara in Gang und müssen überwunden werden. Das heißt konkret, dass das bereits angesammelte Karma »abgearbeitet« und neues, schlechtes Karma vermieden werden muss.

Die vier edlen Wahrheiten schenken dem Buddhisten Tröstung und einen Weg, diese Aufgabe zu bewältigen. Sie besagen, dass zuerst die Existenz dieser Leiden und die Art und Weise, wie sie entstehen, erkannt werden muss. Die dritte Wahrheit stellt fest, dass es einen Weg aus diesem Leiden gibt, und mit der vierten Wahrheit wird dem Gläubigen dieser Weg aufgezeigt. Es ist der edle achtfache Pfad, der die Schulung in Sittlichkeit, Meditation, Weisheit und Einsicht beinhaltet und die Grundlage der Schriften des tibetischen Buddhismus darstellt.

BUDDHISTISCHE SCHRIFTEN UND IHRE BEDEUTUNG

Das tantrische System, das im tibetischen Buddhismus zur beherrschenden Form geworden ist, baut auf den älteren Systemen des Theravada und Mahayana auf. Diese werden als erste und zweite Abteilung des Lehrsystems gesehen, auf denen wiederum die Vajrayana-Lehren gründen. Das Studium ihrer Schriften wird als unabdingbare Voraussetzung für das Erlernen und Beherrschen der tantrischen Methoden betrachtet.

Folglich spielt der Schriftenkanon eine große Rolle. Dieser so genannte »Dreikorb« (*Tripitaka*) enthält folgende Textsammlungen:

- Berichte über die Entstehung des buddhistischen Sangha (»Gemeinde«) und die Ordensdisziplin (*Vinaya*) zur Regelung des Lebensalltags von Mönchen und Nonnen
- Lehrreden Buddhas (*Sutras*)
- *Abhidharma*, der eine Art Kompendium buddhistischer Philosophie und Analysen psychischer wie geistiger Phänomene darstellt.

Aufgrund der Spaltung in einzelne Schulen unterschied sich der Abhidharma von Orden zu Orden, was die Einheitlichkeit der buddhistischen Überlieferung beendete. Gleichwohl bildet er die Grundlage von sowohl Theravada als auch Mahayana. In ihm wird die Lehre Buddhas reflektiert und systematisiert. Er spiegelt damit die Lehrauffassungen der einzelnen buddhistischen Schulen wider, da er die in den Sutras auftauchenden Begriffe interpretiert und erläutert. Sutras und Abhidharma stellen die zweite Abteilung des Lamaismus dar, in der er sich über die direkten Lehrreden Buddhas hinaus mit den philosophisch-metaphysischen (nichttantrischen) Lehren des Mahayana befasst, welche auf dem Werk des Nagarjuna (2./3. Jahrhundert) gründen.

Zu den ins Tibetische übertragenen kanonischen Texten alter indischer Schulen, Lehrtexten des Mahayana, philosophischen Werken und den Tantras – esoterischen Schriften mit mystisch-magischen und ritualistischen Texten – kam im Lauf der langen tibetischen Geschichte eine umfangreiche exegetische Literatur hinzu, die für den Lamaismus besonders charakteristisch ist. So wurde ein kaum zu überblickendes Schriftenwesen geschaffen, das vom Dreikorb über Abhandlungen zu Ritualistik, Mystik, Medizin, Astronomie bis hin zu der von China her angeregten Historiographie reicht. Die Schriften sind sehr bedeutsam, da ein gründliches Studium der Theorie als Basis der buddhistischen Praxis gilt.

DHARMAS UND IHR ENTSTEHEN IN ABHÄNGIGKEIT

Gemäß den buddhistischen Lehren gibt es keine ewigen, unvergänglichen Substanzen: weder Materie noch eine dauerhafte Seele oder Persönlichkeit, weder einen persönlichen Weltenherrn noch ein unpersönliches Absolutes, das den Urgrund der Welt bildet. Jedes Individuum und die von ihm erlebte Welt kommt nur durch Daseinsfaktoren zustande: die Dharmas, die in funktioneller Abhängigkeit voneinander gesetzmäßig entstehen und wieder vergehen. Diese Dharmas sind nicht weiter reduzierbare, dinglich vorgestellte Kräfte, deren Zusammenwirken alles hervorbringt. Die Triebkräfte eines Individuums und seine Willensimpulse von moralisch guter oder schlechter Bedeutung, erzeugen Karma, auf dessen Grundlage nach seinem Tod neues Werden beginnt.

Solange der Mensch nicht erkennt, dass alles vergänglich, ohne beharrende Substanz und daher leidvoll ist, wird dieser Kreislauf aus Werden und Vergehen nicht unterbrochen. Das Leid der individuellen Existenz offenbart sich im physischen und seelischen Schmerz. Als Ursache hatte der Buddha den Durst, die Begierde und den Lebenswillen ausgemacht, der durch die Abtötung der Leidenschaften – Gier, Hass und Verblendung – aber überwunden werden kann. Der aufgezeigte, zur Aufhebung der Leidensursachen führende achtfache Weg propagiert im Kern sittliches Verhalten, Versenkung und erlösende Erkenntnis, die allerdings nicht das Ergebnis rationalen Denkens, sondern tiefgründiger Einsicht ist. Sie ergibt sich aus dem Wissen der Erinnerung an frühere Existenzen sowie aus der Erkenntnis des karmischen Gesetzes und der vier edlen Wahrheiten.

Solch einen Erlösungsweg kann der Mönch beschreiten, während das Mahayana auch die Laien ins »Boot der Erlösung« zu holen gebietet. Dessen monistische Philosophie bezieht sich auf Nagarjuna als ihren wichtigsten Denker. Da die Daseinsfaktoren vergänglich sind und nur in Abhängigkeit voneinander existieren, so lehrt er, haben sie keine wahre Realität. Sie sind leer.

SHUNYATA – DIE LEERHEIT

Die Leerheit, *Shunyata*, ist einer der zentralen Begriffe des Buddhismus. Sie liegt darin begründet, dass alles Werden und Sein voneinander abhängig ist. Wenn die Dinge nicht aus sich selbst heraus existieren, sind sie bloßer Schein, bar eigenen Wesens und also leer. Dennoch gibt es je nach Schulrichtung unterschiedliche Interpretationen und Vorstellungen davon, was Shunyata bedeutet und wie es zu erkennen ist.

Im Theravada wird die Leerheit noch stark mit der Person in Verbindung gebracht. Sie bedeutet die Abwesenheit von Störfaktoren, die den Adepten in der Meditation und bei seiner spirituellen Suche behindern. Das Verweilen in der völligen Leerheit wird mit der Erfahrung der Erlösung gleichgesetzt. Die Anhänger des Mahayana erweiterten die Auffassung von Shunyata erheblich. Da die Theravadins neben der Existenz einer Seele auch ein dauerhaftes Wesen der Welt leugnen, folgerten die Mahayanins, dass auch das Nirvana leer sein müsse. Die Leerheit wird somit zum eigentlichen Wesen in allem, und wer sich ihr nähert, kommt auch dem ewigen Prinzip und damit dem Nirvana näher.

Alle Phänomene und Dinge, denen wir begegnen, sind von Shunyata durchdrungen und damit ohne jede Selbstnatur. Das bedeutet aber keineswegs, dass sie nicht existieren, sondern dass sie nur vorübergehende Erscheinungen sind. Shunyata dagegen ist das wahre Wesen hinter diesen Dingen, es ist ewig und frei von jeder Kategorie.

Zu Beginn des Buddhismus in Tibet standen die Vertreter der Meinung, die Leerheit müsse in einem plötzlichen und spontanen Erleben erfahren werden, all jenen gegenüber, die einen Stufenweg propagierten. Letztere gewannen die Oberhand, und es wurden viele philosophische und praktische Anleitungen verfasst, die den Praktizierenden zum Erkennen und Erleben von Shunyata führen sollen. Sie gehen von der Annahme aus, dass es zwei Wirklichkeiten gibt: Die erste ist jene der gewöhnlichen Menschen, die die vordergründigen Phänomene und Erscheinungen der Welt als real betrachten. Sie verstehen nicht, dass diese nur durch ihr Karma entstanden und damit ohne eigenes Wesen sind. Die zweite Wirklichkeit ist die der Höchsten Wahrheit. Sie ist aus sich selbst heraus entstanden, nicht ausdrückbar und kann nicht beschrieben, sondern nur erfahren und erlebt werden. Wem dies gelingt, der weiß von der Nichtexistenz und damit der Leerheit aller Phänomene.

Wer diese Höchste Wahrheit jenseits des Vordergründigen erkennen will, dem stehen verschiedene Wege offen, die von unterschiedlichen Schulen gelehrt werden. Das Studium der Schriften und verschiedene Meditationsübungen sollen den Adepten auf diese Erfahrung vorbereiten. Außerdem findet der Eingeweihte in der Symbolik der Tantras Hilfsmittel, die ihn die Leerheit direkt erfahren lassen. Nirvana wird letztlich nicht erlangt, sondern es besteht im Erkennen des wahren Wesens der Phänomene, in dem die Vielfalt zur Ruhe kommt.

GEIST, BEWUSSTSEIN
UND GEISTESSCHULUNG

Die Annahme, dass alle Phänomene ohne Selbst und damit leer sind, wird mit den Ideen der Madhyamaka- und Yogacara-Schule konsequent fortgesetzt. Die Anhänger des Madhyamaka, des »Mittleren Weges«, vertreten die These, dass jede über das Sein oder Nichtsein der Dinge getroffene Aussage nicht zutreffen kann. Entscheidend sei zu ergründen, welche Abhängigkeiten ein Phänomen entstehen lassen. Hat der Praktizierende die Bedingungen erkannt, die dieses Phänomen hervorbrachten, so löst es sich auf und zeigt sich als das, was es ist: eine bloße Abstraktion. Mit Hilfe von Meditationsübungen und des geschulten Intellekts soll er lernen, dass jedes Argument und jede Erklärung ad absurdum geführt werden kann und alles einen widersprüchlichen Charakter besitzt.

Die Anhänger des Yogacara gehen noch weiter und vertreten die Ansicht, dass alle wahrgenommenen Erscheinungen reine Erkenntnisvorgänge sind und außerhalb dieser Erkenntnis keinerlei Realität besitzen. Demzufolge ist es das Bewusstsein, das jegliches Phänomen, jedes Objekt und also auch das Ich, die Person, hervorbringt. Nicht das Ich selbst existiert, sondern nur die psychischen Erfahrungen, die es scheinbar durchlebt und die ihm vortäuschen, real zu sein. Nur das Bewusstsein oder der Geist wird daher als wirklich angesehen. Man kann die Wahrnehmung demnach als schöpferischen Akt betrachten, der die Bilder schafft, welche unsere vermeintliche Realität darstellen. Die Qualität und Auswirkung dieses schöpferischen Aktes wird wiederum durch das Karma bestimmt und gelenkt.

Als Mittel zur geistigen Läuterung wird die introspektive Meditation (*Yoga*) herangezogen, weshalb diese Bewusstseinslehre (*Vijnanavada*) unter dem Namen *Yogacara* bekannt geworden ist. So näherte sich die Philosophie des Mahayana allmählich der Vorstellung an, dass der Geist den Urgrund der illusorischen Welt ausmache. Diese sehr abstrakte Seinsschau soll zur Loslösung von der vordergründigen Wirklichkeit und damit zur Aufhebung des Leidens führen.

Komplementär dazu wirkt die eigentliche »Erlösungslehre« des Mahayana; sie wird ausgedrückt durch das liebende Mitgefühl, das im Ideal des *Bodhisattva* gipfelt. Der Bodhisattva ist der Vollkommene, der auf seinen Eintritt ins Nirvana verzichtet, um bis zur Erlösung auch des letzten fühlenden Wesens fortzuwirken.

Zahlreiche Schriften und Meditationspraktiken haben zum Ziel, den Adepten zu einer Grundeinstellung zu bewegen, die es ihm ermöglicht, sich und seiner Umwelt mit liebendem Mitgefühl zu begegnen. Jegliche Selbstsucht soll abgelegt werden. Die Quelle dieser Praxis liegt im höchsten Erleuchtungsbewusstsein (*Bodhicitta*) sowie in der Erkenntnis aller Phänomene, Gedanken und Handlungen als Leerheit.

Für die Entwicklung des Lamaismus sind somit zwei Begriffe von größter Bedeutung. Der eine ist mehr ontologischer Natur: die Höchste Weisheit, deren Gegenstand die Leerheit ist. Der andere ist Teil der Erlösungslehre: das tätige liebende Mitgefühl des Bodhisattva. Diese an sich widersprüchlichen Begriffe werden durch den Erleuchtungsgedanken verknüpft: Die Erleuchtung des Bodhisattva ist identisch mit seinem Schwur, nur noch zum Heil aller Lebewesen zu wirken.

TANTRAS

Die Methoden, denen die mystisch-rituelle Verwirklichung der genannten Ziele obliegt, wurden literarisch in den Tantras niedergelegt. Bevor es die Bedeutung von »System, Lehre« annahm, bezeichnete *Tantra* in seinem ursprünglichen Wortsinn »Gewebe« und deutete damit metaphorisch an, dass es den »Faden« – so die ursprüngliche Bedeutung der die Worte Buddhas wiedergebenden Sutras – weiterverarbeitete.

Die Tantras sind in einer Symbolsprache abgefasste Schriften, die vieles verschwommen und mit Absicht vielseitig auslegbar formulieren, sodass ihre Inhalte ohne die Erklärung durch den in der geistigen Übertragungslinie der Lehren stehenden Lehrer unverständlich bleiben und insofern als geheim anzusehen sind. Ihre Lehren bilden die dritte Abteilung im lamaistischen System. Tsongkhapa wies in seinen Werken die Vollkommenheit der Weisheit und den eigentlichen Tantrismus als die beiden Säulen des Mahayana aus, und zwar im Sinne von Ursache und Wirkung beziehungsweise von Vorbereitung und Verwirklichung.

Um den Zustand der absoluten Befreiung, die Vereinigung aller Gegensätze, auch außerhalb der strengen Askese zu erreichen, werden in den Tantras verschiedene Methoden gelehrt, die von einer alles Denken und Definieren übersteigenden Versenkung bis zum Vollzug subtilster magisch-mystischer Rituale reichen. Der tantrische Heilsweg empfiehlt als Mittel zur Erlangung des kosmischen Bewusstseins Yoga-Übungen und spezielle Meditationsmethoden: die Schau heiliger Formen (Götterbildnisse, verbildlichte Lehrinhalte), symbolische Handhaltungen, die Rezitation magischer Silben und Formeln und das Einbeziehen der vom orthodoxen Buddhismus als für die Befreiung hinderlich betrachteter Bedürfnisse in die spirituelle Praxis.

Sie sind für den praktizierenden Tantriker die Mittel, um in die Einheit mit dem Göttlichen einzutauchen und die Heilswirksamkeit der in *Mandalas* versinnbildlichten göttlichen Kräfte zu erfahren. Dem liegt der Gedanke zugrunde, dass, wenn der unkontrollierte Geist Leiden hervorzubringen vermag, der richtig geschulte Geist imstande sein muss, transzendente Wesenheiten als Helfer zur Erlösung daraus entstehen zu lassen. Meditative Techniken sollen die Aktivierung feinstofflicher Energiezentren (*Chakras*) und -kanäle im Körper ermöglichen.

Typisch für den Tantrismus ist, dass der Praktizierende nicht nur nach der Buddhaschaft strebt, sondern sich, noch während er sich auf dem Pfad befindet, den Zustand der Buddhaschaft selbst vergegenwärtigt: »Ebenso wie man die vor sich visualisierten Wesen nicht als bloße Visualisierungen oder Produkte der Einbildung betrachtet, sondern als die Zufluchtgewährenden selbst, genauso geht man davon aus, dass man tatsächlich für diesen Augenblick ein Buddha geworden ist.«[1]

RITUAL UND MYSTISCHE SYMBOLIK

Die tantrischen Texte beruhen auf der Überzeugung, dass es Entsprechungen zwischen Mikro- und Makrokosmos (Mensch und Universum), aktivem weiblichem und passivem männlichem Prinzip, zwischen Materie und Geist, ja auch zwischen leidvollem Daseinskreislauf und erlösendem Nirvana gibt. Solche Verbindungslinien ermöglichen es dem Praktizierenden, die Gottheit, die in den Texten beschrieben ist (*Yidam*), durch den Vollzug eines bestimmten Rituals herbeizuzitieren und sich mit ihr zu identifizieren.

So wird die gesamte »Wirklichkeit« (das Materielle und das Geistige, das Innerweltliche und das Transzendente) als ein alles nahtlos durchdringender Organismus angesehen, der in fünf Klassen systematisch geordnet ist – repräsentiert durch die fünf Dhyani-Buddhas. Entsprechend werden auch die Tantras selbst als Yidams personifiziert. Sie bieten sich dem Eingeweihten als Inbegriff aller Buddhas und Gottheiten dar, sodass er durch sie der Buddhaschaft teilhaftig wird.

Über die in der Meditation visualisierten Buddhas und Yidams hinaus existiert eine große Zahl weiterer Götter und Göttinnen verschiedener Abstufungen, bis hin zu den einfachen Schutzgottheiten, die um vordergründiger Anliegen willen angerufen werden. Auf diese Art hat sich ein hierarchisch gegliedertes Pantheon entwickelt, dessen verwirrende, umfangreiche Ikonographie nicht nur den unkundigen Besucher, sondern oft auch einfache Mönche verzweifeln lässt. Die Betonung von Ritual und Mystik schuf die Grundlage dafür, dass das Pantheon von außen als üppig wuchernd wahrgenommen wird und sein tiefgründiger künstlerischer Ausdruck dabei immer wieder Missverständnisse hervorruft.

TRIKAYA-LEHRE

Das Pantheon ist auch Ausdruck des dreifach gestuften Buddha-Prinzips, ausgedrückt in der so genannten *Trikaya*-Lehre. Ihr zufolge sind drei als »Leib« bezeichnete Wirklichkeiten beziehungsweise Wirkungsweisen Buddhas zu unterscheiden. Leib bedeutet hier eine Seinsweise des »Wesensbewusstseins«. Als seine eigentliche Natur gilt der »Leib der Lehre selbst« (*Dharmakaya*) – er ist form- und eigenschaftslos, ewig und unausdrücklich.

Mit diesem durch alle Phänomene gleichermaßen hindurchgehenden Leib wird die absolute und begrifflich nicht fassbare Wirklichkeit bezeichnet: das Absolute, das im Erleuchtungszustand eines Buddhas direkt erfahrbar wird (*Adibuddha*). Als treibende Kraft des Heilsprozesses selbst manifestiert der Dharmakaya sich in vielfacher göttlicher Gestalt, wird mithin erfahrbar und »genießbar« und daher »Leib des Genießens« genannt: *Sambhogakaya*. Er bezeichnet jene Wirklichkeit Buddhas, die in den visualisierenden Meditationsformen geschaut werden kann. Er stellt die höchste Vollendung dessen dar, was auf formhafter Ebene von der Wirklichkeit Buddhas erkennbar ist und somit zwischen Visualisierung und Verkörperung liegt.

Die – scheinbare – Verkörperung als Lebewesen ist ein weiterer Schritt in die Erfahrbarkeit durch alle Geschöpfe: der »Leib des trügerischen Scheins«, *Nirmanakaya*. Als Manifestation des formlosen Dharmakaya wird dessen Wirklichkeit durch formhafte Gestalt heilswirkend erkennbar. Alle irdischen Buddhas gelten als solche Verkörperungen. Da der tantrische Weg in einem Leben zur Buddhaschaft führen kann, werden völlig verwirklichte Meister als Nirmanakayas betrachtet – somit auch die hohen Lamas, deren tibetische Bezeichnung *Tulku* sie als »Körper der Verwandlung« auszeichnet. Vor diesem Hintergrund wird die alles übersteigende Stellung des Lamas verständlich, die das ganze politisch-soziale Gefüge Tibets durchdringt.

DIE ROLLE DES LEHRERS

Als Ergänzung zu den tantrischen Schriften stellt die mündliche Überlieferung der essenziellen Lehren, Rituale und meditativen Praktiken ein kennzeichnendes Element des tibetischen Buddhismus dar. Die teilweise komplexen tantrischen Praktiken müssen von einem verwirklichten Lehrer persönlich vermittelt werden, der die Fortschritte des Schülers einschätzen und ihn damit zur nächsthöheren Stufe führen kann. Ihm kommt im System des tibetischen Buddhismus daher eine überragende Rolle zu.

Was in indischen Religionen der Guru ist, findet in Tibet seine Entsprechung im Lama. Vom indischen Wortstamm her übersetzt bezeichnet »Guru« denjenigen, »der die (Selbst-)Täuschungen vertreibt« – ein vordringliches Ziel auf dem Weg zur Erleuchtung. Außerhalb Zentralasiens wird der Ausdruck Lama häufig synonym für tibetische Mönche benutzt – was falsch ist, denn der Lama ist ausschließlich der Lehrer, der unentbehrliche Führer auf dem Heilsweg. Sein Ziel ist es, dem Adepten oder Hörer die Entfaltung der eigenen inneren Potenziale zu ermöglichen. Mit seiner tiefen Einsicht in die Natur der Wirklichkeit und aufgrund seiner Gelehrsamkeit und meditativen Verwirklichung ist er der Meister, der imstande ist, Schüler zu initiieren, ihnen die Lehre zu vermitteln und sie so auf dem gefahrvollen tantrischen Heilsweg weiterzuführen.

Die Verkündung der tantrischen Lehren des Buddhismus soll der Überlieferung nach auf Buddha Sakyamuni selbst oder auf bedeutende buddhistische Lehrer zurückgehen, denen sie von Gottheiten, besonders dem Adibuddha, offenbart wurden. Ihre unmittelbare Weitergabe in einer direkten geistigen Übertragungslinie von Lehrer zu Schüler ist daher unabdingbare Voraussetzung für ihre Bewahrung und für ihre Praxis. Damit ist der als Wurzel-Lama bezeichnete Meister aus der Sicht seiner Schüler nicht einfach nur der Führer auf dem Weg zur Erlösung, sondern mit dem Adibuddha identisch und mithin das höchste Objekt der Zufluchtnahme.

Wenn damit bei Außenstehenden der Eindruck erweckt wird, der Wurzel-Lama würde nicht mehr als Mensch angesehen, ist dies durchaus nicht falsch, denn sein eigentliches Wesen entzieht sich sinnlich fassbaren Dimensionen. Ein inkarnierter Lama gilt als manifestierte Gegenwart der Buddhaschaft, als selbstloses Wesen, das diese Existenzform wählte, um die Suchenden in optimaler Weise führen zu können. Durch die mündliche Vermittlung der Lehre in einer lückenlosen Reihe von Überlieferungsträgern wird sie dem Initiierten gewissermaßen durch die Gottheit selbst offenbart.

Der Schüler sieht seinen spirituellen Fortschritt daher als Resultat der Güte des Lamas an. Deshalb bringt er ihm Hingabe und Verehrung entgegen, gleichgültig, ob er einem solchen Anspruch gerecht wird oder nicht. Der Schüler ist von seinem Lama aber nicht abhängig, denn das würde als verhängnisvoll und als Unreife gelten, die der wirklichen Erkenntnis im Wege steht. Wenn der bisherige Lehrer seinem spirituellen Fortkommen nicht nützt, kann der Schüler sich einen neuen suchen. Deswegen muss sein Maß an Verehrung und Hingabe ihm gegenüber jedoch keineswegs schwinden. Die tibetische Geschichte ist voller Biografien großer Lamas, die auf ihrem Weg zur Verwirklichung bei verschiedenen buddhistischen Meistern »in die Lehre gingen«.

Die persönliche Unterweisung des Adepten als Grundlage der Lehrvermittlung ist eines der einzigartigen Charakteristika des tibetischen Buddhismus. Zwar gibt es allgemeine Instruktionen, die öffentlich gegeben werden können, was tibetische Lamas auf ihren Belehrungen bei ausgiebigen Reisen durch das Land (und inzwischen durch die ganze Welt) auch tun. Entscheidend bleiben jedoch die individuellen, an die emotionale und intellektuelle Struktur des Schülers angepassten Übungsunterweisungen, die der Meister nur dem jeweiligen Schüler zuteil werden lässt. Eine tantrische Unterweisung ohne entsprechende Lehrer-Schüler-Bindung ist undenkbar.

NICHTBUDDHISTISCHE EINFLÜSSE

Unter dem Einfluss von Magie und Schamanismus wandelte sich der indische Vajrayana zur tibetischen Form des tantrischen Buddhismus. Schamanismus selbst ist ein religiöses Phänomen, eine magische Praxis, deren Hauptakteur fähig ist, über Rituale und Trancezustände eine Verbindung zwischen den Menschen und dem Überirdischen herzustellen. So kann der Schamane heilen, weissagen, die Zukunft deuten und mit dem unüberschaubaren Heer guter und böser Geister umgehen, die den Menschen in seinem Lebensalltag beeinträchtigen. Mit seinen Riten versucht er, sie günstig zu stimmen oder zu bannen.

Schamanen waren ein Charakteristikum animistischer Weltanschauungen im alten Tibet, die in die Bön-Religion und den Lamaismus hinübergerettet wurden. Dort wirken sie überwiegend in der Volksreligion weiter, wenngleich sie noch Funktionen innerhalb des monastischen Systems erfüllen. Ein typisches Beispiel sind die Orakel. Neben einer großen Zahl von Medien, die orakeln oder weissagen, von Astrologen und Geistheilern gibt es in tibetischen Gesellschaften auch nicht in klösterlicher Gemeinschaft lebende Mönche, die Gomchen, und sogar Lamas, die Rituale und Zeremonien durchführen, deren Ursprünge in der schamanistischen Tradition liegen.

Zumeist dienen sie damit der bäuerlichen und nomadischen Bevölkerung im Hochland, die vor bösen dämonischen Einflüssen geschützt werden oder die günstigsten Zeitpunkte für wichtige Termine (Hochzeit, Reisen, Aussaat) bestimmt haben will.

LEHRSYSTEME UND LEHRAUSLEGUNGEN

Den teilweise unterschiedlichen Lehrauslegungen der lamaistischen Orden ist gemeinsam, dass sie die philosophische Theorie mit der Praxis der Meditation vereinen. Die grundlegenden philosophischen Sichtweisen aller Tantra-Übertragungslinien basieren dabei auf den Mahayana-Lehren. Darüber, wie die Synthese von Theorie und meditativer Praxis aussehen soll, gibt es eine Fülle von Lehrmeinungen.

Zumeist werden vier Hauptschulen und mehrere Nebenschulen beziehungsweise kleinere Übertragungslinien unterschieden. Eine Übertragungslinie bezieht sich in vielen Fällen auf nur eine einzige Person (Wurzel-Lama), die eine oft über Jahrhunderte bestehende Lehr- und Praxistradition begründet hat. Als die vier Hauptschulen werden die Nyingmapa, Sakyapa, Kagyüpa und Gelugpa angesehen. Obschon als ein Zweig der Sakyapa entstanden, könnten die Jonangpa separat gezählt werden, da ihre Lehrauslegungen inhaltlich am stärksten von jenen der anderen Orden abweichen. Aus diesem Grund wurden sie fast völlig ausgelöscht.

In Zentraltibet und der Nordhälfte Amdos sind die Gelugpa am weitesten verbreitet, während die so genannten Rotmützenschulen vor allem in den osttibetischen Regionen Kham und Amdo zu finden sind. Dort entstanden unter den Nyingmapa zahlreiche Strömungen von regionaler Bedeutung, deren eigenständige Lehrtraditionen zum Teil in Synthesen mit Lehren der Kagyüpa und der dogmatisierten Form des Bön bestehen. Die Zweigschulen der Kagyüpa in Zentral- und Südtibet gingen schon früh getrennte Wege. Wie die Sakyapa sind sie in Osttibet und in tibetisch geprägten Zonen des Himalajas ebenfalls sehr aktiv.

DIE NYINGMAPA UND
DIE DZOGCHEN-LEHREN

Die älteste tibetisch-buddhistische Tradition wird von den Nyingmapa aufrechterhalten – den »Alten«, wie sie sich seit dem 11. Jahrhundert nennen, um sich von den damals aufkommenden Reformorden abzuheben. Zur Basis ihrer Lehrauslegung machten sie die in der Zeit der ersten Ausbreitung der Lehre übersetzten Alten Tantras, deren Authentizität andere Orden zum Teil für fragwürdig halten. Die aus Belehrungen und meditativen Praktiken bestehenden Kama-Lehren (*Bka' ma*) der Nyingmapa gelten als vom Adibuddha selbst übermittelt und wurden in einer ununterbrochenen Guru-Überlieferungsreihe weitergegeben. Das erfolgt bei ihnen durch voll ordinierte Mönche wie auch durch tantrische, in eheähnlicher Gemeinschaft lebende Yogis, die ihre Lehrtradition in leiblicher Erbfolge vermitteln.

Als Hauptguru sehen die Nyingmapa den legendären indischen Magier und Gelehrten Padmasambhava an, der in Tibet auch als »der zweite Buddha« bezeichnet wird. Die Nyingmapa glauben, dass er in die Welt kam, um nach den grundlegenden Lehren und Vorbereitungen durch den Buddha Shakyamuni die Belehrungen des Vajrayana zu verbreiten. Da ihm sehr daran gelegen war, Tantra in Tibet zu lehren, schaffte er es, die dort vorhandenen geistigen und religiösen Strukturen – wie etwa schamanistische Praktiken – mit dem Buddhismus zu vereinen.

Da Tantra sich durch ein sehr undogmatisches Verhältnis zur Anwendung geeigneter Mittel (*Upaya*) auszeichnet, bot sich die Integration der autochthonen Religion und ihrer Gottheiten zur Missionierung Tibets an. Außerdem soll Padmasambhava eine große Zahl von Texten an geheimem Ort verborgen haben, damit sie erst, wenn die Zeit reif für ihr Verständnis sei, aufgefunden und gedeutet würden. Diese Texte bezeichnet man zusammen mit anderen gefundenen »Schätzen« als *Termas*. Als das berühmteste von ihnen gilt das *Bardo Thödöl*, das *Totenbuch der Tibeter*. Nach ihrer Entdeckung werden die von *Tertöns*, »Schatzfindern«, entdeckten Terma-Lehren in eigenen Überlieferungslinien tradiert.

Als die Essenz der in neun »Fahrzeuge« unterteilten Lehren der Nyingmapa gilt die Lehre und Praxis des Dzogchen, die auch als »Außergewöhnlicher Yoga« (*Atiyoga*) bezeichnet wird. Diese höchste mit den Bönpos geteilte Klasse im Nyingmapa-System wird als endgültige, höchste und geheimste Unterweisung von Buddha Shakyamuni angesehen. In ihr verschmelzen Elemente der klassischen tantrischen Praxis, des schmanistischen Bön und Einflüsse des chinesischen Chan-Buddhismus mit der von Nagarjuna formulierten Philosophie der Leerheit.

Dzogchen kann mit »Große Vollendung« übersetzt werden, bedeutet jedoch nicht die Vollendung als Ziel aller Bemühungen eines Praktizierenden. Dieser soll vielmehr den bereits in ihm vorhandenen selbstvollendeten Zustand seiner ursprünglichen Natur erkennen. Dzogchen ist daher mehr als nur eine philosophische oder religiöse Tradition. In ihr wird das Wissen darüber dargelegt, was das ursprüngliche, essenzielle Wesen der Menschen ausmacht; der Urgrund allen Seins, der unerschaffen ist und doch vollkommen.

Sich selbst zu erkennen, ist zentrales Anliegen des Dzogchen-Übenden. Nur wer seine individuellen Abhängigkeiten und Grenzen beobachtet und sich vom Selbstbetrug und der Täuschung, die durch den eigenen Geist hervorgerufen werden, befreit, kann die Erfahrung des erwachten Zustands machen. Dieser Zustand, in welchem der Geist von *Rigpa* – dem reinen und unverdorbenen Gewahrsein – durchdrungen ist, wird mit der Erfahrung des Absoluten, der Buddha-Natur, gleichgesetzt.

Erleuchtung und die Befreiung vom Leiden besteht demnach nicht darin, etwas völlig Neues und für die meisten Menschen ungreifbar Fernes zu erzeugen oder zu entdecken, sondern den Geist durch Übung und Meditation »zur Selbstnatur des eigenen Bewusstseins und so zum Frieden des Übenden mit sich selbst« zu führen, ihn so zu entspannen und damit zu seiner natürlichen

Klarheit und Vollkommenheit zurückkehren zu lassen. Dzogchen lehrt keinen langen stufenweisen Weg zur Erleuchtung, sondern macht deutlich, dass eine direkte und plötzliche Erfahrung des Absoluten möglich ist. In diesem klaren Zustand kann der Praktizierende dank seiner meditativen Fertigkeiten verweilen.

Auf das Erwachen arbeiten zahlreiche vorbereitende Übungen hin: verschiedene Meditationspraktiken, Visualisierungen bestimmter Gottheiten oder des Gurus, Hinwendung zu einem Lehrer und Chö-Rituale, die als in meditativer Imagination vollzogene »tantrische Selbstopfer« bekannt sind. Die Dzogchen-Praxis wird als Höhepunkt allen spirituellen Trainings angesehen und als Praxis und theoretisches Studium auf der höchsten Stufe geübt und vervollkommnet. Wem dies gelingt, der erlangt einen transzendenten Zustand, in dem alle Geistestrübungen verschwunden sind. Auch im Moment des Todes ist diese Klarheit und Weisheit präsent, und der Praktizierende kann sein Denken auf den reinen Lichtaspekt des ursprünglichen Wissens ausrichten.

Der Körper verwandelt sich so in seine Lichtnatur, den »Regenbogenkörper«, der auch als »Buddha-Körper« bezeichnet wird. Wie bei der bedeutendsten tantrischen Partnerin von Padmasambhava, Yeshe Tshogyel, die sich an ihrem Lebensende in einen Regenbogen verwandelt habe und in das »Paradies« Padmasambhavas eingegangen sei, bedeutet dies die Auflösung des physischen Körpers beziehungsweise der Elemente, die ihn konstituieren, in Licht. Der Weisheitsgeist dieser bemerkenswerten Persönlichkeiten bleibt in seiner transzendenten Form über den Tod hinaus bestehen und kann von den Praktizierenden herbeigerufen und in sich aufgenommen werden.

KADAMPA

Tibets erster Reformorden sah seine Hauptaufgabe in der Gewährleistung der richtigen Auslegung der Schriften, so wie Atisha sie aufgefasst hatte. Dazu gehörte die

Notwendigkeit einer strengen und asketischen klösterlichen Disziplin: einer reinen moralischen Lebensweise im Zölibat als unabdingbarer Grundlage des Mönchstums. Außerdem wurde betont, wie wichtig eine kontinuierliche spirituelle Entwicklung, die Entfaltung eines guten Herzens und die Hingabe an den Lehrer ist, um tantrische Rituale zu praktizieren. So sahen sich die Kadampa als »diejenigen, die alle Lehren Buddhas in die Praxis umsetzen«.

Die Sutras des Mahayana wurden von den Kadampa höher bewertet als die Tantras. Ihre Lehre und Praxis stellten die verschiedenen Methoden des Bodhicitta, der Erzeugung des Erleuchtungsgeistes, in den Vordergrund. Dadurch sollte der Schüler in die Lage versetzt werden, das grenzenlose Mitgefühl für alle leidenden Wesen in sich zu erfahren. Auch sollten die meditativen Kräfte und Mittel, die ihm helfen, der Erlösung aller Wesen zu dienen, und den endgültigen Erleuchtungsgeist stufenweise in sich zu entfalten, auf diese Weise gefördert werden. In der Lamrim-Praxis, dem Stufenweg zur Erleuchtung, wurde eine Reihe klar konzipierter meditativer Übungsfolgen entwickelt, die diesen Prozess in Gang setzen und begleiten sollen und bis heute zur Läuterung des Geistes gelehrt werden.

Die Überlieferungen der Kadampa wurden von anderen lamaistischen Schulen absorbiert. Der Orden selbst ging in den Gelugpa auf, die sich explizit auf die Kadampa-Tradition beziehen und sich selbst als Neue Kadampa auffassen. Die im Westen tätige Neue-Kadampa-Tradition geht hingegen auf den seit 1977 in England wirkenden Geshe Kelsang Gyatso zurück und hat sich von den Gelugpa abgetrennt. Als ihr Ziel nennt sie ausdrücklich, »das Wesentliche der Lehren Buddhas so zu erhalten und zu verbreiten, dass es dem westlichen Geist und seiner Lebensweise angepasst ist«. Ihre Anhänger sind bestrebt, die Lamrim-Praxis im Alltag praktisch anzuwenden, indem sie alle Unterweisungen Buddhas als zweckmäßige Methoden benutzen, um tägliche Aktivitäten in den Pfad zur Erleuchtung umzuwandeln.

SAKYAPA

Der Orden der Sakyapa bemühte sich vor allem um eine systematische Ordnung der tantrischen Schriften und Lehrgebäude. Dabei maß er in seiner Überlieferung dem Zyklus der »Weg und Frucht« (*Lamdre*) genannten Vajrayana-Lehren besondere Bedeutung bei. Darüber hinaus widmete er sich primär den Problemen der buddhistischen Logik.

Einer der bedeutendsten Sakyapa-Lehrer war der in die Mongolei eingeladene Sakya Pandita (1182–1251), der alle weltlichen und religiösen Wissenschaften seiner Zeit studiert hatte. Da ihm ein Enkel Dschingis Khans 1249 die weltliche Autorität über Zentraltibet verlieh, spielten die Sakyapa lange Zeit eine zentrale Rolle im geistigen Leben des »Schneelandes«. Passend zu seiner Gelehrtheit wird er, wie seine Nachfolger, als Inkarnation des Bodhisattva der Weisheit, Manjushri, verehrt.

Die Lamdre-Lehren gehen auf den indischen Mahasiddha Virupa zurück. Da sie sehr komprimiert abgefasst sind, werden sie dem Praktizierenden nur durch mündliche Unterweisung verständlich. Ihnen liegt die Annahme zugrunde, dass der Kreislauf der Existenzen, Samsara, und die Befreiung daraus, Nirvana, in ihrem wahren Wesen identisch sind. Sakya Trizin Lama nennt dies die »Nichtdifferenzierung von Samsara und Nirvana«.

Diese Einsicht und Erfahrung kann nur verwirklicht werden, wenn der Übende das wahre Wesen, die wahre Natur des Geistes, erkennt. Dabei gehen die Sakyapa davon aus, dass der Geist drei Aspekte in sich trägt – die Leerheit, die Klarheit und die Einheit beider Eigenschaften. Wer alle drei Aspekte zu verwirklichen sucht, wird erkennen, dass der »Weg« bereits die »Frucht«, also das Ziel, ist und als Befreiung erfahren werden kann.

Hier kommt die im Vajrayana ausgeprägte Tendenz, das Ziel des Weges im Weg selbst zu sehen, deutlich zum Ausdruck. Wichtig sind Übungsprogramme zur Läuterung des Geistes, deren geläufigste die »Loslösung von den vier Anhaftungen« ist.

KAGYÜPA UND MAHAMUDRA

Die vielgliedrigste und am stärksten differenzierte Schule des tibetischen Buddhismus ist die auf den Lehrer und Übersetzer Marpa zurückgehende Schule der Kagyüpa. Ihre zentralen mystischen Lehren werden, so besagt der Name, »durch das Wort überliefert«.

Marpas berühmter Schüler Milarepa wurde durch seine Praxis radikaler Entsagung und seine spirituelle Poesie zur Leitfigur der frühen Kagyüpa. Systematisiert wurden ihre Lehren jedoch erst durch dessen Hauptschüler Gampopa (1079–1153), der als Meister einer den Fähigkeiten des Schülers angepassten Lehrweise gilt und durch die Verbindung mit der Tradition der Kadampa und den Systemen der neuen Tantras den eigentlichen Kagyüpa-Orden erst begründete.

Viele Schüler Gampopas errichteten eigene Klöster und begründeten mit ihnen zugleich überwiegend recht einflussreiche Zweigschulen, die als die vier größeren und acht kleineren Überlieferungslinien der Dagpo-Kagyüpa bekannt sind:

- Barompa
- Karmapa mit der Zweigschule Surmangpa
- Phagmodrupa, aufgegliedert in die Drigungpa, Drugpa, Martsang-Kagyüpa, Shungsebpa, Taglungpa, Tropupa, Yamsangpa und Yelpa
- Tshelpa.

Obwohl sie ebenfalls der Kagyüpa-Schule angehören, stehen die Shangpa außerhalb der auf Marpa zurückgehenden Tradition.

Den Praktizierenden der Kagyüpa-Überlieferung geht es weniger um eine rationale Erörterung der Lehre als vielmehr um die praktische Verwirklichung dessen, was als höchste Realität angesehen wird. Meditative Praxis und der Rückzug von der Außenwelt gelten dabei als unverzichtbar. Es ist wohl diese Konzentration auf das persönliche meditative Erleben und der intuitive Umgang mit den Schriften, die die Kagyüpa zur im Westen erfolgreichsten buddhistischen Gemeinschaft machen.

Die Kagyüpa-Lehren erachten es für elementar, den Aspekt des Studierens mit der Meditation zu verknüpfen und beides nicht künstlich voneinander zu trennen. Über die klassischen Themen Vinaya, Abhidharma und Madhyamaka hinaus spielen Prajnaparamita und Pramana eine wichtige Rolle. Pramana könnte als buddhistische Erkenntnistheorie bezeichnet werden, während die Lehren der Höchsten Weisheit, Prajnaparamita, die Sichtweise und das Verständnis der Wirklichkeit darlegen. Diese Lehren beschreiben ausführlich, wie man den Weg praktiziert, wie die Phasen der geistigen Entwicklung beschaffen sind und wie mit ihnen umzugehen ist. Der Weg zur Erleuchtung wird gesehen als eine Abfolge von Verständnis, Erfahrung und tieferer Erkenntnis, die nicht einfach von heute auf morgen entstehen kann.

Als wichtigste Praxis und tiefgründigste esoterische Lehren der Kagyüpa gelten jene des Mahamudra. Ihr zentraler Punkt ist die Überzeugung, dass das Wissen und die Erkenntnis von der Leerheit aller Phänomene (Shunyata) und die Loslösung vom Samsara (Nirvana) untrennbar miteinander verbunden sind. Bei der Übung des Mahamudra muss sich der Adept einzig auf das Bewusstsein konzentrieren und über vorbereitende meditative Übungen die Geistesstille erlangen und vertiefen.

Das wirkliche Wesen des Geistes soll erfahren und dadurch befreit werden. Dieser Zustand der geistigen Freiheit führt wiederum hin zu der Erfahrung, dass alles Existierende lediglich eine konzeptionslose Leerheit darstellt, und damit zu einem klaren Bewusstsein. Von Menschen, die diese Bewusstseinsstufe erreicht haben, wird berichtet, dass sie sich – von jeglicher Konvention losgelöst – als so genannte »heilige Narren« manifestierten. Der berühmteste unter ihnen ist Drugpa Künleg (1455–1570).

In der geheimnisvollen Vereinigung des eigenen Bewusstseins mit dem Adibuddha, dem Absoluten, wird durch die Aufhebung aller Gegensätze das Höchste Glück (*Mahasukha*) erlangt. Diese Erfahrung der Einheit von Höchstem Glück und Leerheit wird als die höchste Verwirklichung betrachtet – in der Kunst versinnbildlicht durch die »Vater-Mutter-Haltung« (*Yab-Yum*) der tantrischen Gottheiten. In geschlechtlicher Vereinigung ist der männlichen Gottheit als Aspekt der Methode ihre weibliche Entsprechung zugeordnet, die den Weisheitsaspekt verkörpert. Solche Darstellungen symbolisieren die mystische Vereinigung der aus der wahren Natur der Wirklichkeit geborenen prinzipiellen Gegensätze –die Aufhebung aller Gegensätze in der Vereinigung der Pole.

Ein weiterer Schwerpunkt der Kagyüpa liegt in den bei allen lamaistischen Orden praktizierten Meditationstechniken, die in den »Sechs Lehren·des Naropa« (*Naro Chödrug*) überliefert sind und deren Ziel die Erfahrung der Natur von Samsara und Nirvana ist. Unter ihnen finden sich Techniken, für die tibetische Tantriker gerühmt werden. Es sind dies:

- *Tummo* oder »Yoga der inneren Hitze«, der sich physisch durch die willkürliche Erhöhung der Körpertemperatur äußert;
- Erfahrung des eigenen Körpers als Trugbild;
- Traum-Yoga, in dessen Verlauf bewusst Einfluss auf Traumbilder als solche genommen wird; zum anderen wird der Übende dazu gebracht, die Welt des Wachzustandes als bloßen Traum zu erkennen;
- »Yoga des Klaren Lichts«, der das Licht sich in seiner Wesensgleichheit mit dem aus sich selbst heraus leuchtenden Geist offenbaren lässt – »so wie die Lampe sich selbst und die Gegenstände ohne Beihilfe von außen beleuchtet«[2]
- Lehren über den Zwischentodzustand (Bardo);
- *Phowa* oder »Praxis der Bewusstseinsübertragung«, eine spezielle, schon zu Lebzeiten eingeübte Technik, mit der ein Sterbender sein Bewusstsein im Moment des Todes willentlich in ein so genanntes »Reines Land« – wie zum Beispiel das Buddha-Paradies des Amitabha – transferiert.

Die letztgenannte Technik spielt in der Lehre des »fünffachen Pfades des Mahamudra« der Kagyü-Zweigschule der Drigungpa eine besondere Rolle. Er soll alle Lehren Buddhas umfassen, namentlich die Entwicklung des Erleuchtungsgeistes, Meditation über eine eigene Meditationsgottheit (Yidam), Meditation über den Lama (Guru-Yoga), Mahamudra und das Opfer des angesammelten Verdienstes an alle Wesen.

Erwähnenswert ist noch die Praxis des Chö, die Lehre vom »Abschneiden [des Denkprozesses]«, die bei den Kagyüpa eine größere Rolle spielt. Dieses von Padampa Sangye (gest. 1117) geprägte Lehr- und Yoga-System zielt in seinem Kern darauf ab, die falschen Vorstellungen, die das eigene Ich produziert, »abzuschneiden«. Ausgangspunkt ist die Vorstellung, dass alle Erscheinungen, mit denen wir konfrontiert werden – ganz besonders die eigenen Ängste –, aus unseren unkontrollierten Gedanken heraus entstehen, also nur Täuschung sind. Diese Denkprozesse sollen durch die Praxis des Chö und seine drastischen Meditationstechniken beendet und verändert werden. Die Projektionen werden dabei als real angenommen und in Gestalt von Dämonen herbeigerufen; den eigenen Körper bietet man als Opfer dar. In dem Moment, da der Praktizierende erkennt, dass es sich um Projektionen handelt, kann er ihr wahres Wesen erfassen und durch bewusste Visualisierung beherrschen und verwandeln lernen. Als besonders wirkungsvoll gilt diese Art der Meditation, wenn sie an unheimlichen Orten wie Begräbnisstätten durchgeführt wird, da sich die Dämonen hier leichter einstellen.

Beliebt als Mittel der Unterweisung sind bei den Kagyüpa die zum literarischen Allgemeingut Tibets gehörenden Biografien der großen Meister Tilopa, Naropa, Marpa und besonders Milarepa – wundersame, didaktische Lebensgeschichten. Sie sind zu Metaphern buddhistischer Erfahrung geworden, denen ein tiefer Symbolgehalt zu eigen ist.

Abschließend seien noch einige Worte über die Shangpa gesagt, eine der zwei ursprünglichen Kagyüpa-Traditionen. Obgleich sie als Orden untergegangen sind, wird ihre Lehrüberlieferung in verschiedenen Kagyüpa-Schulen weiter gepflegt. Sie basiert auf den Lehren des Yogi Chungpo Neljor (geb. 978), dem ein Alter von 150 Jahren nachgesagt wird. Er vertrat beharrlich den Standpunkt, dass sich seine Schüler ausgiebigst in den exoterischen Aspekten der buddhistischen Lehre (Auslegung der kanonischen Schriften, Logik und Dialektik) üben müssten, bevor sie mit der esoterischen Praxis begönnen.

Die wichtigste tantrische Praxis der Shangpa entsprang hauptsächlich dem Lehrzyklus der Mahasiddhas Vajrasana, Rahula und Maitripa wie auch zweier bemerkenswerter Frauen – den Yoginis Niguma und Sukhasiddhi. Diese Praxis gehört zu den Höchsten Tantras, ihre zentralen Lehren basieren auf den Sechs Yogas der Niguma. Diese werden den berühmteren Sechs Lehren des Naropa als ebenbürtig gegenübergestellt, da sie als besonders wirkungsvolles Mittel gelten, das Ziel der Buddhaschaft in einer einzigen Lebensspanne zu erlangen.

JONANGPA

Der in der Sakyapa-Tradition wurzelnde Jonang-Orden führt seinen Ursprung auf Yumo Mikyo Dorje zurück, einen Kalachakra-Meister aus dem 12. Jahrhundert. Der erste große Exponent war Sherab Gyantshen aus Dolpo (1292–1361), kurz Dolpopa. Er bezog seine philosophische Grundposition aus Asangas »Nur-Ideation-Doktrin«, die besagt, dass alles nur aus dem Geist erschaffen sei. Dolpopas Lehre formte eine eigene Synthese aus Yogacara und Madhyamaka. Im Gegensatz zu Nagarjuna, der die relative Leerheit des Seins postulierte, ging sie von der Existenz einer absoluten, objektiven Leerheit aus.

Dolpopa unterschied dabei zwei Arten der Leerheit: alle Dinge (aller bedingten Dharmas) sind eines beständigen Selbst entleert (*Rangtong*, »leer von Selbst«); die in der Versenkung erfahrbare Buddha-Natur (des nichtbedingten Nirvana) ist aller bedingten Befleckungen entleert (*Shentong*, »leer von anderem«).

Dolpopas Theorie der Buddha-Natur (*Tathagatagarbha*) verwendet eine Reihe von Analogien, um dem Adepten zu helfen, die Beziehung zwischen der Schau des Erleuchtungszustands und der gewöhnlichen Betrachtung der Welt zu erfassen. Darüber hinaus sieht die Doktrin der Jonangpa Wahrnehmungen und Phänomene nicht nur als leer, sondern auch als nichtseiend an. Sie sind lediglich Nomina; nur das existiert, was Wesenheit des Tathagata ist. Dieses Sein, die Buddhaschaft, ist allein wahre Wahrheit und allem sowie allen Geschöpfen eingeboren.

Damit ist es nicht nur als Bewusstheit im Erleuchteten gegenwärtig, sondern auch im Bewusstseinskontinuum (*Rgyud*) jedes Geschöpfs, das sich dessen dennoch nicht unbedingt bewusst ist. Die Erleuchtung wird folglich nicht als etwas Neues erlangt, sondern besteht darin, das vorhandene Sein, die Wesenheit des Tathagata, in sich selbst aufzudecken. Damit unterschied sich die Jonang-Lehre im Grundsatz von den meisten anderen lamaistischen Orden und wurde von den Kadampa und Gelugpa als häretisch bewertet – denn, so beanstandeten sie, die Vorstellung einer Buddha-Natur als absoluter Wirklichkeit sei nicht buddhistisch.

Sherab Gyantshen bot mit seiner Exegese einen Weg an, der die Möglichkeit eines plötzlichen Erwachens des Erleuchtungszustands erlaubte. Die Nähe einiger Jonang-Lehren zu den Gedanken des frühmittelalterlichen Chan-Buddhismus des chinesischen Mönchs Hvashang, der dieses plötzliche Erwachen mittels Ausschalten aller geistigen Aktivität lehrte, lieferte den letzten Vorwand für ein Verbot des Ordens. Im frühen 17. Jahrhundert wurden die Jonangpa von ihrem brillanten Gelehrten Taranatha (1575–1634) zu einer letzten Blüte geführt, bevor der »Große Fünfte« Dalai Lama ihr Stammkloster schließen und es wie alle anderen Jonang-Klöster in seinem Machtbereich in ein Gelugpa-Kloster umwandeln ließ. Die Druckstöcke für ihre Schriften wurden konfisziert und weggeschlossen, und ihr Lehrbetrieb endete, wie man bis heute oft glaubt, für immer.

Die Thesen der Jonangpa wurden aber von bedeutenden Lehrern der Nyingmapa- und Kagyüpa-Schulen geteilt, unterstützt und in osttibetischen Klöstern weiter tradiert. Außerdem bewahrte der Orden in der Region Dzamthang im äußersten Südosten Amdos ein aktives Klosterzentrum. Nachdem der Initiator der Rime-Bewegung, Jamgön Kongtrül Lodrö Thaye (1813–1899), dafür sorgte, dass die Jonangpa-Schriften wieder zugänglich gemacht wurden, weitete sich der Einfluss des Ordens in Osttibet sogar wieder aus. Heutzutage liegt die Zahl der Jonang-Mönche etwa in der Größenordnung der exiltibetischen Mönchsgemeinschaft.

DIE GELUGPA UND TSONGKHAPAS STUFENWEG DER ERLEUCHTUNG

Als letzter lamaistischer Reformorden in Tibet wurde die Gelugpa-Schule von Tsongkhapa gegründet, einem gebildeten Mönch aus Amdo, der, von Wissensdrang getrieben, bei allen großen Meistern und Orden seiner Zeit studierte. Da er mit allen buddhistischen Überlieferungen vertraut war, erwarb er sich den Ruf eines großen objektiven Gelehrten. Mit einem umfassenden Gesamtwerk, das auf den Lehrgebäuden der Sakyapa und der Kadampa aufbaute, schuf er neue Lehrauslegungen, für die die Betonung der Madhyamaka-Philosophie Nagarjunas und die Erörterung der philosophischen Sachverhalte charakteristisch sind.

Die bewusst als Weiterführung der Kadampa-Lehren ausgelegte Doktrin Tsongkhapas reagierte auf die nachlässige Moral und den um sich greifenden Verfall mönchischer Disziplin zu seiner Zeit. Daher zählte zu einem seiner Hauptanliegen, mittels einer Revision und der Säuberung der auf den Neuen Tantras gründenden Praktiken die Einhaltung der sittlichen Ordensregeln als Grundlage tantrischer Ritualpraxis wiederherzustellen. Dazu erschienen ihm Zölibat, Abstinenz von berauschenden Substanzen, Verbot des Reisens und des Umgangs mit Geld als die geeigneten Mittel. In den Mittelpunkt der Praxis stellte er einen Prozess, der zur klaren Wahrnehmung der Leerheit führen sollte: die Reinigung des Geistes sowie die Beseitigung aller geistigen und moralischen Unzulänglichkeiten.

Zu diesem Zweck unterzog Tsongkhapa den tibetischen Kanon einer gründlichen Analyse, deren Ergebnisse 18 Bände füllen. Die *Große Darlegung des Stufenwegs [zur Erleuchtung]* (*Lamrim Chenmo*) und die *Große Darlegung des Geheimen Mantra* (*Ngagrim Chenmo*) sind seine beiden Hauptwerke. Darin unterstreicht Tsongkhapa die Bedeutung des Studiums der fünf Wissensgebiete Sutra, Gebet, Dialektik, Tantra und Prajnaparamita, also die Lehre von der Vervollkommnung der Erkenntnis. Außerdem sei für den Erkenntnisweg ein gründliches Verständnis der religiösen Unterweisungen sowie deren kritische Überprüfung und ihre Verwirklichung in der Meditation unerlässlich. Auf diese Weise suchte Tsongkhapa ein Gleichgewicht zwischen Philosophie und tantrischem Mystizismus herzustellen. Neben den Werken Tsongkhapas sind auch die systematischen Schriften der verschiedenen Lehrmeinungen für das Studium grundlegend.

Wie die Kadampa vertreten Tsongkhapa und die Gelugpa rigoros die Prasangika-Madhyamaka-Philosophie. Deren Kern besteht in der Annahme, dass alle Phänomene dieser Welt kein eigenes Sein besitzen, sondern leer sind und dass somit keinerlei Aussage über sie getroffen werden kann. Leerheit bedeutet aber nicht nur die Leerheit von einem Selbst, sondern auch Erlöstheit, da sie identisch mit dem Absoluten ist. Wer die Leerheit erfährt und verwirklicht, wird Befreiung vom Samsara erreichen. Der Adept muss also seinen Geist von Kategorien wie Zustimmung und Verneinung, Richtig und Falsch lösen.

Die Gelugpa bewerten die Gelehrsamkeit als wichtiges Mittel für die Meditation und die tiefgründige Analyse. Große Bedeutung messen sie daher Disputationen bei – dialektischen Streitgesprächen, in denen verschiedene Themen kontrovers erörtert werden. In skeptizistischer Manier wird versucht, die Sichtweise des Kontrahenten als unlogisch zu entlarven und so zu zeigen, dass alle logischen Argumente unbeweisbar sind und keine endgültige Aussage getroffen werden kann. Die Logik wird damit zum unerlässlichen Hilfsmittel für das rechte Verständnis des Dharma.

Während des langjährigen Studiums finden immer wieder intensive Debatten statt, in denen eingeübt wird, andere Systeme zu widerlegen, die eigene Position festzulegen und das eigene System gegenüber Einwänden zu verteidigen. In der Argumentation bezieht sich der Disputant häufig auf die kanonischen Schriften, auf Kommentarwerke und Zitate sowie Definitionen großer Lehrer. Ein fortgeschrittener Adept wird vermehrt persönliche Folgerungen ziehen.

Als wesentliche Vorraussetzung für die Einsicht in die wahre Wirklichkeit der Phänomene gilt den Gelugpa die Erzeugung des Erleuchtungsgeistes, Bodhicitta, am Beginn von Studium und Praxis. Der Geist soll frei werden und erwachen. Nur so kann er Einsicht in das wahre Wesen der Dinge und des Daseinskreislaufs erhalten. Durch ein »auf die Erleuchtung gerichtetes Denken« soll der Adept schließlich zur Bodhisattva-Verpflichtung gelangen – dem Gelöbnis, zum Wohl der Wesen wirken zu wollen und in dieser Absicht energisch den Erleuchtungsweg zu beschreiten. Ist der Schüler an diesem Punkt angelangt, soll er den Zustand von *Samadhi* erreichen. In ihm hört das bewusste Denken völlig auf, der Schüler wird mit dem Objekt seiner Meditation – sei es eine Gottheit oder das Absolute selbst – eins und geht darin auf.

Samadhi und der Weg dorthin wird als die eigentliche geistige Übung betrachtet und in den Meditationshandbüchern der Gelugpa in allen Einzelheiten beschrieben. Wichtig ist dabei, eine ruhige und sichere Balance zwischen ruhigem Verweilen (*Samatha*) und klarer Einsicht (*Vipashyana*) zu finden. Vipashyana wird als eine Art intuitive Hellsicht verstanden, die es dem Praktizierenden ermöglicht, die drei Daseinsmerkmale – Vergänglichkeit, Leidhaftigkeit, Nichtwesenhaftigkeit aller Erscheinungen – zu begreifen. Als spezielle Technik für die Verwirklichung dieses Gleichgewichts werden auch die tantrischen Lehren angesehen, obschon nicht alle anerkannt sind.

Dadurch dass bei den Gelugpa das Studium der Schriften im Zentrum steht, kommt den Mönchen große Bedeutung zu. So entwickelten sich die Klöster von Anfang an zu den maßgeblichen Quellen und Zentren für Schulung und Übung. Dank ihres universitären Charakters dienen sie nicht nur als Institutionen der Lehre, sondern tragen zudem auch die Verantwortung für die tantrischen Rituale, die im Vergleich zu den älteren Orden jedoch deutlich weniger betont werden.

DIE RELIGIÖSE PRAXIS
IM KLOSTER

Der historische Buddha schrieb seinen Anhängern zwar die »Hauslosigkeit« und das Dasein als Bettelmönch vor, doch schon bald entwickelten sich aus den Versammlungsorten der umherziehenden Mönche klösterliche Institutionen und Tempel. Anfangs genügten ihnen Andachten mit einer Art »Predigt«, einer Belehrung mit Auslegungen der kanonischen Schriften, »Beichte« und Meditation. Mit der Zeit kam dann auch der Dienst an Reliquien und Buddha-Bildnissen hinzu.

Im komplexen monastischen System Tibets muss unterschieden werden zwischen alltäglichen und liturgischen Verrichtungen (Pujas in den Tempelräumen, Studium) und besonderen Anlässen wie Klosterfesten, tantrischer Praxis und Retreat. Wieder ist hier die Vielfalt so groß, dass nur wenige Beispiele herausgegriffen werden können. Wenn dabei die Praxis der Gelugpa stärker zur Sprache kommt, spiegelt dies den Umstand wider, dass ihr Orden der bedeutendste in Tibet war und er dementsprechend gut dokumentiert ist.

Die Regelung des Alltags in tibetischen Klöstern ist für Außenstehende durch regelmäßig wiederkehrende liturgische Veranstaltungen und Abläufe erkennbar. Dabei wird allerdings der zweite wichtige Aspekt – die Schulung, die sich auf Erlebnis und Yoga konzentriert – meist übersehen, da sie weniger offensichtlich ist und entsprechend ihrer Natur im Stillen stattfindet.

Die täglich wiederkehrenden Kulthandlungen, die zumeist von allen gemeinsam in der Versammlungshalle absolviert werden, erwecken bei den meisten Fremden den Eindruck einer frommen Gemeinde während einer Messe. Tiefe Gläubigkeit wird im Westen häufig als typisches Attribut buddhistischer Tibeter identifiziert.

Die *Puja* (tibetisch Chö, *Mchod*) genannte Kulthandlung im Tempel darf jedoch nicht als »Gottesdienst« verstanden werden. Sie ist im Ursprung der an den Buddha erinnernde Moment. In der Theorie steht hinter der täglichen liturgischen Versammlung ein Akt geistlicher Erbauung, der jedoch aufgrund der Anwesenheitspflicht der Mönche in unterschiedlichem Maße verwirklicht wird. In Tibet fungiert die Puja auch als magische Verrichtung, deren Zauber sich auch Gäste meist nicht entziehen können.

In einem exemplarischen Tagesablauf findet in einem Nyingmapa-Kloster gegen sieben Uhr morgens eine Meditation statt, zum Beispiel über das Mandala der Tara, wobei dazu die geeignetsten *Sadhanas* rezitiert werden – tantrische Schriften, die dieser Praxis dienen. Ein solcher Kultakt dient der Befriedung oder Erfreuung einer ikonographisch genau beschriebenen Gottheit oder der Begünstigung ihres Wirklichwerdens. Ziel der Visualisierung und anschließenden Verschmelzung mit ihr ist es, bestimmte heilswirksame Kräfte zu erwecken und schließlich zur Schau der wahren Natur der Wirklichkeit zu gelangen.

Zwei Stunden später kommen die Mönche erneut im Tempel oder in dessen Vorhof zusammen, wo Belehrungen und gelehrte Erörterungen erfolgen. Der Abt (*Khempo*) hat dafür einen Text ausgewählt und beginnt, sobald die Mönche vollzählig sind, mit dessen Auslegung in zwei Etappen. Zu Beginn wendet er sich an die weniger geschulten oder im Auffassungsvermögen schwächeren Mönche. Erst nach deren Verabschiedung beginnt er mit den tantrischen Belehrungen für die Fortgeschrittenen.

Nun folgt die Freizeit für das gemeinsame Mittagessen, nach dem man dann bis etwa vier Uhr nachmittags selbstständig in den Zellen studiert und die vom Abt erläuterten Textstellen memoriert. Beflissene Studenten können ihren Tutor aufsuchen, um die auswendig gelernten Textabschnitte abhören zu lassen.

Abends werden die Mönche ein weiteres Mal zu einer großen Versammlung zusammengerufen, die dem gemeinsamen Kult gewidmet ist: Dazu gehören die Anrufung der Schutzgottheiten, andächtige Feiern für die Dahingeschiedenen oder Gebete für diejenigen, die schlechtes Karma angesammelt haben. Danach können sich die Mönche erneut ihren Studien widmen.

Dieser exemplarische Tagesplan variiert je nach Orden und Kloster. Bei den Gelugpa beginnt die erste Kulthandlung, die sich aus der Rezitation heiliger Schriften und genau festgelegten rituellen Handlungen zusammensetzt, im Morgengrauen. An ihr haben sich sämtliche ordinierten Mönche der verschiedenen Lehrfakultäten zu beteiligen. Im Verlauf dieser »Morgenandacht«, von der es an Festtagen zwei geben kann, wird dreimal Tee gereicht, den die Novizen schweigend, aber oft in polternder Eile servieren.

Rituelle Handlungen, Gebete und Rezitationen allein – darin sind sich alle lamaistischen Schulen einig – vermögen jedoch nicht, den Adepten zur Befreiung zu führen. Ihr primärer Zweck sollte, wie der 14. Dalai Lama betont, die Kontrolle und Disziplinierung des Bewusstseins sein.[3] Im Gegensatz zu anderen Orden reglementieren die Gelugpa den Alltag ihrer Mönche daher mit weniger liturgischen Verrichtungen und widmen dem Studium viel Zeit. Dabei liegt der Schwerpunkt auf dem Memorieren von Texten und den gelehrten Debatten (Disputationen) vor der versammelten Mönchsgemeinschaft. Ein selbstständiges Studium der dogmatischen Schriften ist so anspruchsvoll, dass es nur hoch begabten Mönchen möglich ist.

STUDIUM UND GELEHRSAMKEIT

Meditation und die mit ihr verbundenen tantrischen Praktiken stehen im tibetischen Buddhismus im Vordergrund, doch auch der Wert des Schriftenstudiums darf nicht unterschätzt werden.

Kein tibetischer Orden betont diesen Aspekt so stark wie die Gelugpa. Ihrer Lehrauslegung liegen die Werke Tsongkhapas zugrunde, allen voran sein *Lamrim Chenmo*, ergänzt durch die Schriften seiner geschätzten Schüler Gyältsabje (1364–1432) und Kädubje (1385–1483).

Die Gelugpa folgen in ihren Studien einem umfassenden Lehrplan, der die Bewältigung von fünf Hauptgruppen voraussetzt. Es sind dies die Sutras der Vollendung der Weisheit (Prajnaparamita), Nagarjunas Madhyamaka-Philosophie, buddhistische Erkenntnistheorie und Logik (Pramana), Abhidharma und Klosterdisziplin (Vinaya).

Die Betonung von Dogmatik und Dialektik bei den Gelugpa täuscht leicht darüber hinweg, dass auch sie das Studium der Tantras nicht vernachlässigen. Es wird von den tantrischen Fakultäten innerhalb der größeren Klöster gepflegt, in die ein Mönch erst nach einer vorbereitenden Schulung aufgenommen wird. Genauso wird auch mit den Hilfswissenschaften wie Ritualistik, Medizin, Astrologie und Astronomie, Kalenderwesen, Grammatik, Rhetorik sowie Kalligraphie und dem »Götterzeichnen« (*Lha bris*), wie die Malkunst in Tibet heißt, verfahren.

Bei der Betonung der Gelehrsamkeit als Mittel für die Meditation verwundert es nicht, dass der tiefgründigen Analyse verschiedener Themen ebenfalls ein hoher Stellenwert zukommt. Diese Analyse, das logische Denken und die Dialektik werden beim regelmäßigen Debattieren eingeübt. Aufgrund der komplexen Studieninhalte kann die Ausbildungszeit deshalb, je nach Kloster und Begabung der Studenten, zwischen 15 und 25 Jahren betragen. Der höchste Abschluss wird mit dem Titel eines *Geshe* bezeichnet, den wir mit »Doktor der buddhistischen Philosophie« übersetzen könnten.

Bis dahin befasst sich ein Mönch überwiegend mit den Sutren. Erst wenn er zu einem Geshe geworden ist, kann er sich bei den Gelugpa in esoterischen Kollegien, deren Lehrinhalte die Tantras sind, einschreiben. Nur ein Geshe, der eine umfassende Bildung genossen hat, ist berechtigt und qualifiziert genug, an einem Kloster zu lehren, sich in eine Klausur zurückzuziehen oder sich für das Amt eines Abtes zur Verfügung zu stellen. Mönche, die keine Geshe-Prüfung abgelegt haben, dürfen an den esoterischen Kollegien lediglich tantrische Rituale, Kunst und Musik studieren.

Die Gelugpa und in etwas geringerem Umfang auch die Sakyapa sehen ihre Prioritäten in Studium und Gelehrsamkeit. Außerdem betonen sie die klösterliche Tradition, Ethik und Sittenlehre als Basis für die spirituelle Schulung und Praxis. Demzufolge sind unter ihren Lehrern fast nur ordinierte Mönche und in den seltensten Fällen Laien zu finden.

Das sieht bei den Nyingmapa und Kagyüpa ganz anders aus. Allerdings wäre es falsch zu glauben, dass es diesen deshalb an großen Gelehrten mangelte. Sie pflegen viele Wege zum Ziel und betrachten das intensive Studium als einen davon. Besonders seit Beginn der Rime-Bewegung hat der Austausch mit und der Blick zu den Lehren der verschiedenen Traditionen eine intellektuelle, aber weniger dogmatische Auseinandersetzung mit ihnen gefördert.

Daher überrascht es nicht, dass in Osttibet, wo die Rime-Lamas überwiegend zu Hause sind, seit dem Wiedererwachen des Klosterlebens vermehrt monastische Institutionen entstanden, an denen die Lehren akademisch behandelt werden. Als lamaistische Hochschulen haben sie Zulauf aus allen Teilen Tibets, aber auch aus China und anderen Regionen Asiens. Entsprechend konnte sich der Titel des Khempo, der traditionell als Ehrentitel Verwendung fand, als Bezeichnung für all jene, die den rigorosen akademischen Lehrplan einer solchen Klosteruniversität erfolgreich absolviert haben, durchsetzen und mit dem Rang eines Geshe gleichziehen.

MEDITATION

Buddhas Verkündung des Weges zur Befreiung vom leidvollen Dasein nennt als abschließendes Glied des achtfachen Pfades Samadhi, das rechte Sichversenken – die Meditation. Das Geistestraining als Einüben von Samadhi ist, wie bereits mehrfach betont wurde, das wesentliche Element zur Erlangung der Buddhaschaft.

Was Tsongkhapa in seinem Werk *Die drei Hauptaspekte des Pfades zur höchsten Erleuchtung* als Voraussetzung für die Meditation in der buddhistischen Praxis nennt, kann für alle Schulen gelten. Es sind dies »der Gedanke, den Existenzkreislauf endgültig zu verlassen, das Streben nach Erleuchtung zum Heile aller fühlenden Wesen und die richtige Ansicht von Leerheit«.[4] Damit macht er deutlich, dass es zunächst notwendig ist, die rechte Motivation zu entwickeln. Ohne sie sind alle Übungen sinnlos, wenn nicht gar nachteilig. Die Motivation besteht im altruistischen Erleuchtungsgeist, Bodhicitta, dem Streben nach Erleuchtung zum Heil aller fühlenden Wesen. Auf diese erste Phase eines vordergründigen Aspekts von Bodhicitta folgt eine Phase, in der sich der Übende in die eigentliche Meditation versenkt. Ihr Ziel ist die Beherrschung der Mittel, die erforderlich sind, um diesen Wunsch in die Tat umzusetzen.

Der endgültige Erleuchtungsgeist als Einsicht in die Leerheit, das wahre Wesen der Phänomene, erfuhr in den Tantra-Systemen schließlich eine Wandlung zu einer konkreten physiologischen Entität, einer Art Samenessenz des Bodhicitta. Dessen gezielte Sublimierung in der Meditation soll zur körperlich direkt erfahrbaren Erleuchtung führen.

Vorbereitend für die eigentliche Meditation sind sechs Übungen zu absolvieren, die im Detail vielfach variieren. Man reinigt den Ort der Meditation, baut – auf ehrliche Weise beschaffte – Opfergaben auf und bringt den Körper in die richtige Position, wofür in sieben Punkten genaue Anweisungen gegeben werden. Es folgt die Visualisierung des Versammlungsfeldes der großen Lehrer und Meister des Buddhismus, dann das »Darbringen des Mandala« – vollzogen durch Rezitationen – und die an die Gurus für die Hauptaspekte des Pfades gerichtete Bitte, sie mögen beim Erzeugen der richtigen Haltung und des richtigen Verständnisses Hilfe leisten.

Es sind grundsätzlich zwei Arten der Meditation zu unterscheiden. Die ruhig verweilende Meditation soll den Geist in einen klaren Zustand bringen, der frei von Ablenkung ist. Das Ziel ist Vipashyana, die besonders tiefe Einsicht in das Wesen der Wirklichkeit mit der direkten Erfahrung der Leerheit aller Erscheinungen. Eine genau umrissene Abfolge schreibt dem Praktizierenden vor, wie er die geistigen Verunreinigungen – Gier, Hass und andere Leid verursachende Gefühlszustände – schrittweise auflöst.

In der analytischen Meditation hingegen öffnet und befreit der Praktizierende seinen Geist, um sich mit einem Inhalt oder einem Objekt kontemplativ zu beschäftigen. Bei der Konzentration auf ein Objekt oder eine bildhafte Darstellung (zum Beispiel ein Mandala oder *Thangka*) kann dieses gleich einem Wegweiser als Anleitung zur Visualisierung bestimmter Inhalte dienen. Der Geist des Meditierenden wird so mit einer tieferen Aussage und einem Aspekt des Erlösungswegs vertraut gemacht. Stufe um Stufe kann er mit Hilfe der Meditation und des begleitenden Studiums eine immer höhere Bewusstseinsstufe erlangen und tiefere Einsicht in die wahre Natur der Dinge erreichen.

Wieder ist die Anleitung durch den Lehrer unverzichtbar. Er hilft ihm mit Rat und Tat, den Stufenweg zu gehen, entscheidet, in welche Praxis der Lernende eingeweiht wird und mit welchem Inhalt er sich wann auseinandersetzen soll. Auch hier ist die Vielfalt der Präferenzen, die die verschiedenen Orden und Lamas bei der Meditiationspraxis setzen und weitervermitteln, sehr groß.

Viel Geduld ist vonnöten, um die gestellten Aufgaben zu bewältigen und die vierte Stufe zu erreichen, in der alle Konventionen und Kategorien ausgelöscht sind und die Leerheit als das wahre Wesen aller Phänomene zutage tritt. Dieser Bewusstseinszustand jenseits von Raum und Zeit kann nicht beschrieben werden. Der Praktizierende verlässt ihn nach Beendigung seiner Meditation wieder. Wenn er ihn jedoch immer wieder übt, in sein tägliches Leben integriert und sich so einer kontinuierlichen geistigen Schulung unterwirft, kommt er dem Ziel immer näher.

In dieser letzten Phase muss der Adept der »doppelten Wahrheit« entsprechend zwei Erfahrungsebenen zusammenbringen, und zwar die Welt der Erscheinungen und die Welt jenseits aller Begrifflichkeiten und Dualitäten. Hier gelten die tantrischen Praktiken und Visualisierungstechniken als sehr hilfreich, um die höchste Vollendungsstufe zu erreichen. Sie zeichnet sich durch die Gleichzeitigkeit der beiden Wahrheitsaspekte beziehungsweise durch das Ineinandersein der beiden dualen Pole aus.

DIE TANTRISCHE PRAXIS

Auf seiner Suche nach dem Weg zur Erlösung ging der Buddha auch den Weg der Askese, musste aber feststellen, dass sie Körper und Geist schwächte. Er erkannte, dass er der Erlösung so nicht näher zu kommen vermochte.

Aus dieser Erfahrung heraus bezieht Tantra alle Phänomene von Körper, Rede und Geist mit ein. Weil der tantrische Weg im Vergleich zu den allgemeinen Mahayana-Lehren als schwierig und gefahrvoll angesehen wird, muss jede tantrische Praxis drei Vorbedingungen erfüllen: die Einweihung, Ermächtigung und mündliche Unterweisung durch einen qualifizierten Meister.

Die Bedeutung des Lehrers kam bereits mehrfach zur Sprache. Er ist die Leitfigur des Schülers, den er auf subtile Weise mit dem Buddha-Aspekt, auf den sich die Einweihung bezieht, in Berührung bringt. Er legt einen »Samen« in ihn, der reift, wenn die entsprechende Übung realisiert wird. Die Ermächtigung des Schülers wird meist durch das Vorlesen des Praxistextes vollzogen und erlaubt ihm nun, die entsprechende tantrische Übung durchzuführen. Erklärungen zur tantrischen Praxis gibt der Lama in mündlichen Unterweisungen und ergänzt sie im Lauf der Übung mit Blick auf die Fortschritte und Probleme des Schülers.

Nur wenn die Voraussetzungen gegeben sind, wird Tantra als schnellster Weg zur Erleuchtung betrachtet – mit der Möglichkeit, sie noch in diesem Leben zu erlangen. Tantra gilt aber als gefährlicher Weg, weil jene, die noch zu sehr ihrem Ich anhaften, die Kontrolle verlieren und anstelle des angestrebten Seligkeitsbewusstseins das Gegenteil erfahren können. Die Motivation, den tantrischen Weg zu gehen, muss daher noch reiner und intensiver sein als bei der ›gewöhnlichen‹ Bodhisattva-Motivation.

Die tantrischen Lehren werden in vier Klassen eingeteilt, die sich an den geistigen Entwicklungsstufen der Praktizierenden orientieren. Das *Kriya-Tantra* unterstreicht die Bedeutung äußerlicher Reinigungszeremonien. Es wird auch als Tantra der kultischen Handlung bezeichnet, da es als Ritualpraxis Menschen dient, denen Kulthandlungen und Opferungen wichtig sind. Das Tantra der Vollzugspraxis, *Carya-Tantra*, hebt die Parallele von äußeren Geschehnissen und inneren geistigen Vorgängen hervor. Es richtet sich an Menschen, die ihr tägliches Leben nach dem Tantra-Weg auszurichten versuchen, obwohl sie noch zu keinem tieferen geistigen Verständnis des Tantra gelangt sind. Im *Yoga-Tantra* werden die inneren geistigen Vorgänge wie etwa die Meditation betont. Deshalb gilt es als Bemühungspraxis für jene, die ernsthaft um ein tiefes spirituelles Verständnis bemüht sind. Das *Anuttara* (»Höchste«) *Yoga-Tantra* schließlich akzentuiert die außergewöhnliche Bedeutung der inneren Vorgänge, die völlig unabhängig von den äußeren ablaufen.

Unter der Vielzahl von Mönchen in den großen Klöstern Tibets waren immer auch einige, die aufgrund geringer intellektueller Fähigkeiten, fehlenden Interesses oder mangelnder Förderung nur im Rahmen der drei ersten Tantra-Klassen praktizierten. Im Folgenden soll jedoch von der höchsten Klasse, dem Anuttara Yoga-Tantra die Rede sein, weil es die Essenz der tantrischen Praxis verkörpert. Es behandelt auch jene Methoden, die eine subtile meditative Konzentration auf die verschiedenen Zentren der Lebensenergie (*Chakra*) im physischen Körper ermöglichen und die neben der Atemkontrolle auch die Bewegung der regenerativen Energien sowie die Blutzirkulation beeinflussen.

Da in der Meditation göttliche Wesenheiten visualisiert werden, mit denen sich der Praktizierende identifiziert, wird diese Tantra-Klasse oft als Gottheiten-Yoga bezeichnet. Damit wird in der meditativen Sammlung der angestrebte, zukünftige Zustand der Buddhaschaft vorweggenommen und so eine mächtige Bewusstseinsintensität erzeugt. Mit ihr gelingt es dem Übenden schließlich, gleichzeitig über die Form der imaginierten göttlichen Wesenheit und ihre Leerheit zu meditieren. Dies wird als *das* Charakteristikum des Tantra angesehen.[5]

Die beschriebenen Möglichkeiten befähigen einen Praktizierenden dieser Ebene, unorthodoxe Mittel und Wege zu wählen. Dafür ist der tantrische Weg berühmt, aus Mangel an Detailkenntnis aber oft auch gering geschätzt und selbst in der buddhistischen Geistesgeschichte teilweise umstritten. Wesentlich am tantrischen Buddhismus ist, dass Bewusstseinsenergien, die eigentlich mit Leid verursachenden Gefühlen verbunden sind, als treibende Kräfte genutzt werden. Was im Theravada und Mahayana als Untugend strikt von der buddhistischen Praxis ausgegrenzt wird, macht Tantra für den Weg nutzbar.

Am Beispiel großer Wut lässt sich dies nachvollziehen: Ein Wutausbruch setzt oft große Energien frei, die sich gegen Menschen oder Dinge wenden und dabei Schaden anrichten. Die Sinne des Betroffenen sind im Moment der Wut eher geschärft als gedämpft, nur werden seine Energien dabei in die falsche Richtung gelenkt. Ein reifer Praktizierender mit lauterer Motivation dagegen würde angeleitet, die mit der Wut erzeugten »inneren Kräfte« bewusst zu nutzen und die damit verbundenen Energien für seine tantrische Meditation einzusetzen. Analog zur Wut ist eine Meditation vorstellbar, in der sich der Adept mit einer zornvollen Gottheit identifiziert, um so subtilere Bewusstseinsebenen zu öffnen und deren Kräfte auf den »Geist des Klaren Lichts« zu richten. Durch Integration des Negativen und Positiven können die Polaritäten aufgelöst werden.

Die Praxis des Höchsten Yoga durchläuft zwei Stadien: die Erzeugungs- und die Vollendungsphase. In der Erzeugungsphase visualisiert der Übende zuerst das vorgegebene göttliche Wesen als eine der Formen des Buddha, wobei er als Konzentrationshilfsmittel oft Mantras und Mudras verwendet. Das *Mantra* ist eine kraftgeladene Silbe oder Lautformel, die dem Wesen der jeweiligen Gottheit, ihren kosmischen Kräften und Aspekten, Ausdruck verleiht. Es repräsentiert den Aspekt der Rede in der Dreiheit von Körper, Rede und Geist des Meisters, die im tibetischen Buddhismus mit den drei Buddha-Körpern (*Trikaya*) gleichgesetzt und durch die Silben *Om A Hum* symbolisiert werden. *Mudras* wiederum sind als symbolische Gesten dem Aspekt des Körpers zugeordnet. Indem sie die körperliche Ausdrucksform der zu verwirklichenden inneren Zustände vorwegnehmen, helfen sie dem Meditierenden, einen Bezug zwischen sich und der in der Übung visualisierten Gottheit herzustellen. Samadhi, die geistige Sammlung, steht in dieser Dreiheit der Aspekte für den Geist.

Nachdem der Praktizierende die Gottheit vor seinem geistigen Auge erschaffen hat, visualisiert er sich selbst als sie. Da solche Visualisierungsprozesse sehr komplex sind, müssen sie lange geübt werden, bis sie ohne Anstrengung im Geist ablaufen können. Äußere Konkretisierung dieser Visualisierungen sind die Mandalas. Im nächsten Schritt identifiziert sich der Übende mit der Gottheit und *ist* sie – gemäß der Auffassung, dass das Bewusstsein im Erkenntnisakt die Gestalt des erfassten Gegenstandes annimmt.[6] In der Vollendungsphase aktiviert der Meditierende das »Innenleben« der Gottheit, unter anderem durch die meditative Konzentration auf die feinstofflichen Energiezentren. Im letzten Teil der Meditation führen ihn verschiedene Stadien ekstatischer Erfahrungen dazu, höhere Bewusstseinskräfte (*Siddhi*) zu entwickeln, die ihn abschließend der Erleuchtungserfahrung teilhaftig werden lassen.

Der Prozess der geistigen Projektion und anschließenden Identifikation versetzt also das Bewusstsein des Praktizierenden imaginär auf die Ebene der Gottheit, die er ja *ist*. Er setzt nun deren Bewusstseinskräfte ein, um die noch subtileren Bewusstseinsebenen und die Leerheit zu erfassen. Anders ausgedrückt gelingt dem Übenden durch die Identifikation mit der göttlichen Wesenheit eine Art Simulation der göttlichen Bewusstseinskräfte, die er für sein geistiges Vorwärtskommen nutzt. Da tantrische Meditationspraktiken von vornherein »mit einem Bewusstsein ausgeübt werden, das ein ungleich höheres Energieniveau hat als die Bewusstseinsformen des Tagesbewusstseins«[7], gilt Tantra als schnellerer Weg.

Die höheren Tantra-Klassen zeichnen sich durch eine Sichtweise aus, in der nicht mehr zwischen Reinheit und Befleckung unterschieden wird. Für die Praxis folgt daraus, dass ein geschickter tantrischer Meister jeden Gedanken, jede Absicht und jede Emotion in ein Mittel zur Erlangung der Erleuchtung umwandeln kann. Nichts davon muss unterdrückt oder aufgegeben werden, alles kann für den Weg eingesetzt werden.

Auf dieser Grundlage kann er auch die Seligkeit des sexuellen Erlebens zur Intensivierung des Bewusstseins nutzen. Mit diesem Seligkeitsempfinden will er eine gesteigerte Konzentration und intensivere Einsicht in die Leerheit erstehen lassen, die ihm im alltäglichen Bewusstsein nicht möglich wäre. Das Beispiel lässt jedoch erahnen, welche Schwierigkeiten eine solche Meditation bietet, wenn die Konzentration durch Anhaften am Ich gestört und abgelenkt wird. Dann kann der Übende, wie es in den Schriften heißt, in den heißesten Höllen wiedergeboren werden. Es ist dieser Aspekt der tantrischen Praxis, der im Westen das Bild eines sexuell verbrämten esoterischen Buddhismus erzeugt hat und im tibetischen Mittelalter durch mangelnde Ordensdisziplin Missstände aufkommen ließ.

Grenzüberschreitungen finden dort statt, wo der Mensch schwach ist. Als Reaktion auf diese Schwäche hat der Lamaismus an die Stelle der Praxis mit einem anwesenden Partner die sexuelle Symbolik gesetzt. Damit wurde das tatsächliche sexuelle Erleben zwar nicht völlig aus der tantrischen Praxis verbannt; doch um den Missbrauch auszuschließen, übt der Adept in der Regel mit einer visualisierten Gestalt. Dies kann ihn sogar weiterführen, denn es heißt, das innerlich Geschaute erzeuge eine größere Bewusstseinsintensität als das äußerlich Gesehene.[8]

In der schillernden visionären Kunst des tibetischen Buddhismus finden wir diese visuelle Metapher für das Verschmelzen von männlichem und weiblichem Prinzip häufig abgebildet. In der Darstellung der Aufhebung aller Dualität und Polarität symbolisiert sie die Befreiung durch die Verbindung von Glückseligkeit und Leerheit.

BESONDERHEITEN IN DER KLÖSTERLICHEN PRAXIS

Die verschiedenen Lehrrichtungen, ihre umfangreiche Ritualistik und vielen Klosterbauten machen den Lamaismus zu einer überaus farbenprächtigen Angelegenheit, die zusätzlich durch Elemente bereichert wurde, die nicht im indischen Vajrayana, sondern in Tibet selbst ihren Ursprung haben.

Vieles davon ging in die Volksreligion ein, doch manche Elemente fanden ihren Niederschlag auch im monastischen System. Sie sind Bindeglieder sowohl zwischen der rituellen Praxis im Kloster und der Volksfrömmigkeit als auch zwischen buddhistischem Gedankengut und den vorbuddhistischen Bön-Kulten. Zwei Komplexe sollen hier herausgegriffen werden, da sie aus tibetischen Klöstern nicht wegzudenken sind: die farbenprächtigen Klosterfeste mit ihren Maskentänzen sowie das institutionalisierte Orakelwesen.

FESTRITUALE UND MASKENTÄNZE

Das Alltagsdasein der Mönche spielt sich zwischen rituellen Kulthandlungen, Studium und gelehrten Debatten ab. Periodisch unterbrochen wird es durch die Begehung großer Klosterfeste, über die eine unmittelbare Beziehung mit der ins Klosterleben sonst nicht eingebundenen Laienschaft hergestellt wird. Auch während dieser weihevollen Sonderriten betätigen sich die Mönche als Akteure, während der religiöse Nutzen der einfachen Gläubigen in ihrer Teilnahme besteht. Dem Ausbreiten von Riesen-Thangkas (monumentale Rollbilder religiösen Inhalts), den damit verbundenen Weihen und Maskentänzen entströmt religiöses Verdienst, also positives Karma, das kraft der »Übertragung der Frucht einer guten Handlung« (*Parinamana*) für alle wirksam wird.

Unterschiedliche Festanlässe variieren den Inhalt solcher Zeremonien und ihren Ablauf. Klosterfeste bestehen immer aus einem rituellen Teil, den die Mönche unter Ausschluss der Öffentlichkeit begehen, und einem, bei dem Laien anwesend sein dürfen. Zum letzteren gehören die Maskentänze, *Cham*, für die die Lama-Klöster berühmt sind. Cham ist ein getanztes Mysterienspiel, dessen grundlegender Sinn darin besteht, den Sieg der buddhistischen Lehre über die dunklen Aspekte des Daseins vor Augen zu führen. Masken sollen die Menschen mit der Situation vertraut machen, in die sie während ihrer 49-Tage-Wanderung im Bardo, dem Zwischenstand zwischen Tod und Wiedergeburt, geraten. Die Vielgestaltigkeit der Tänze soll die Zuschauer an ein Realitätsbewusstsein heranführen, das ihnen eine klare Erkenntnis der Wirklichkeit im Bardo ermöglicht.

Durch Herbeirufen der Schutzgottheiten, die während des Cham von den Masken und ihren Trägern Besitz ergreifen, wird das Wirken der dunklen Mächte gebannt. Deshalb sind die Tänzer zumindest in Tibet ausschließlich Mönche, die in ihren Schritten und Bewegungen festen Vorschriften folgen. Ritueller Höhepunkt des Cham ist eine Entsühnungszeremonie. Im jährlichen Rhythmus soll sie dazu beitragen, das Dasein zu reinigen und die Menschen von ihren Nöten und Sorgen, vor allem aber von ihren Lastern zu befreien.

DAS ORAKELWESEN

Ein Phänomen, das den Lamaismus deutlich vom ursprünglichen Vajrayana abhebt, ist das institutionalisierte Orakelwesen mit seinen als Medien wirkenden Mönchen. Die in Klöstern residierenden Orakel sind Substitute für den durch den Buddhismus vertriebenen und verfemten Schamanismus, sind sie doch wie die Schamanen ebenfalls »Berufene«, d.h. besonders begabte Medien.

Der tibetische Buddhismus ordnet den verschiedenen Bewusstseinsebenen geistige Kraftzentren zu, die sich der Praktizierende als göttliche Wesenheiten vorstellt und zunutze zu machen sucht. Diese Potenziale erschließen sich jedoch nicht nur allmählich in der Meditation, sondern auch unvermittelt in einer Trance. Letztere gilt bei den Tibetern als Manifestation einer solchen höheren Bewusstseinskraft. Demgemäß wird die Trance als die vorübergehende Anwesenheit einer Gottheit in einem Medium aufgefasst. Sie ergreift von ihm Besitz, indem sie gnadenhaft aus überirdischen Gefilden herabsteigt. Dies geschieht zum Wohl der Menschen, die im Orakel mehr als nur einen Weissager, nämlich einen mönchischen Seelsorger und Heiler sehen.

DIE MONASTISCHE ORDNUNG

Charakteristisch für den tibetischen Buddhismus ist die Verschmelzung der Mönchsregeln aus der buddhistischen Frühzeit mit den kultischen Methoden des Vajrayana. In Tibet entwickelte sich eine regelrechte Mönchsreligion, in der die Laien – und seien sie noch so fromm – meist nur indirekt tätig werden. Der Lamaismus wird folglich von den Klöstern getragen, die sich durch ein hohes Maß an Unabhängigkeit voneinander auszeichnen.

Die Mönchsgemeinden waren nicht nur hoch geachtete und überaus fruchtbare geistige Zentren, sondern auch Dreh- und Angelpunkte der politischen und kulturellen Geschichte Tibets, teilweise auch der Nachbarregionen im Himalaja und in der Mongolei. Seitdem mit Beginn der 80er Jahre religiöse Aktivitäten wieder genehmigt wurden, leben im tibetischen Hochland schätzungsweise 150 000 Mönche in 2 500 bis 3 000 wieder aufgebauten Klöstern. Dies zeigt deutlich, wie sehr das Wesen der tibetischen Form des tantrischen Buddhismus mit den großen Klostergemeinschaften verknüpft ist.

DIE MÖNCHSGEMEINSCHAFTEN

Von der Weihe bis zum Lebensalltag ist das Leben eines Mönchs über Vorschriften, etwa zu Gewändern, zur Klosterzelle und zur Nahrung, genau geregelt.

Bei der Aufnahmeprüfung beurteilt man einen Knaben – in Tibet in der Regel ab dem siebten Lebensjahr – nach seiner körperlichen Verfassung und seinen intellektuellen Fähigkeiten. Danach wird ihm das Haupthaar geschnitten, die Weihe erteilt und ein Novizenname verliehen. Mit der Aufnahme in den Mönchsstand legt er ein Gelübde ab, 36 moralische Gebote zu befolgen. Die ersten Jahre des Novizen gleichen in mancher Hinsicht einer Lehrlingszeit, in der neben Lesen, Schreiben und dem Auswendiglernen von Texten kleine häusliche Arbeiten für den Lehrer erledigt werden. Das Verständnis der bis dahin gelernten Texte beginnt erst mit einer tiefgehenderen Ausbildung, die im Alter von etwa 15 Jahren einsetzt.

Oft sind die jungen Männer weit über 20 Jahre alt, bis sie nach zahlreichen Prüfungen als Vollmönche ordiniert und damit zur Befolgung von 253 Regeln verpflichtet werden. Diese Gelübde gelten bei den Gelugpa, aber nicht bei allen Orden, als Voraussetzung, auf dem Weg des Mahayana und des Tantra weiterschreiten zu können. Als die tantrischen Praktiken sich in Tibet ausbreiteten und durchsetzten, überlagerten sie häufig die Vorschriften für die Mönchsweihe und den Eintritt in den Orden. So weichen die für die Mönche und die interne Klosterorganisation geltenden Regeln und Gebote zum Teil beträchtlich von jenen des ursprünglichen Vinaya ab.

Im tibetischen Kontext bedeutet die Mönchsweihe für den Empfänger, dass eine geistige Reife in ihm erweckt und geweiht wird, die ihn die in den verschiedenen Tantra-Schulen vorgeschriebenen mystischen Erfahrungen verwirklichen lässt. Mit seiner Betonung von Dogmatik und Gelehrsamkeit bietet der Gelugpa-Orden eine Fortsetzung der Ausbildung zum Geshe, einer Art Doktor der buddhistischen Philosophie.

Entsprechend dem Niveau seiner Kenntnisse erhält der Absolvent einen von drei Geshe-Titeln, deren höchster, *Lharampa*, die Fähigkeit erfordert, vor den Versammlungen der drei Großklöster bei Lhasa zu debattieren und dort die Prüfungen zu bestehen. Mit dem Titel steigt nicht nur das Prestige, sondern auch Rang und Position in der lamaistischen Ämterhierarchie.

KLOSTERORGANISATION

In Klöstern mit einer beträchtlichen Anzahl von Mönchen liegt es nahe, Funktionen arbeitsteilig zu gliedern. Eine Organisation ist erforderlich, die sich nicht allein auf das Lehrwesen, sondern auch auf Hausordnung und Verwaltung erstreckt. Im Idealfall richtet sich die Funktion der Mönche nach ihrer Qualifikation. In den viele hundert oder gar mehrere tausend Mönche umfassenden Großklöstern war dies nicht immer der Fall, da neben der Qualifikation auch familiärer Einfluss und das klosterinterne Beziehungsgeflecht eine Rolle spielten.

Diejenigen Mönche, die nicht imstande sind, die vorgeschriebenen Studien zu Ende zu führen, nehmen niedrige Ränge ein, mit denen einfachere Aufgaben verbunden sind, wie zum Beispiel das Anzünden der Butterlampen auf den Altären, die Instandhaltung der Klostergebäude und weitere Tätigkeiten, die keiner besonderen Ausbildung bedürfen. Diese Mönche machten früher die Mehrheit der Klosterbevölkerung aus. Entsprechend wurde von ihnen weniger erwartet, die Mönchsdisziplin peinlich genau zu befolgen.

Neben dieser Masse gab und gibt es immer Mönche, die ihren rituellen wie spirituellen Verpflichtungen geflissentlich nachkommen und das Studium und die Praxis des Tantra sehr ernsthaft betreiben. Angeleitet werden sie vom Prinzipal ihrer Studienfakultät. Über den Kollegien steht ein Abt an der Spitze der monastischen Hierarchie, der häufig ein inkarnierter Lama ist. Ihm obliegen die geistige Führung und die Kontrolle über die Verwaltung des gesamten Klosters. Die Administration der weltlichen Angelegenheiten und der Lehrbelange untersteht, je nach Größe und Komplexität des Klosters, diversen Funktionsträgern, die sich aus der Mönchsgemeinschaft rekrutieren.

Traditionell stellten die Klöster wirtschaftlich autarke Einheiten dar, die hinsichtlich der Lehrinhalte und ökonomischen Verpflichtungen allenfalls übergeordneten monastischen Einrichtungen ihrer eigenen Lehrüberlieferung verpflichtet waren. Interessant ist indes, dass sich nicht nur die Klöster, sondern oft auch die Studienfakultäten und die Haushalte der inkarnierten Lamas wirtschaftlicher Selbstständigkeit erfreuten.

ORDENSGRÜNDER
UND -OBERHÄUPTER

Die historisch gewachsene Struktur des Klerus übertrug sich nicht nur auf die monastische Struktur, sondern auch auf die gesellschaftliche und politische Ordnung im alten Tibet. Dies führte dazu, dass starke Persönlichkeiten wie der 5. und der 13. Dalai Lama ein hohes Maß an politischer Einheit verwirklichten, während gleichzeitig lokale Herrschaftsbereiche Lamas anderer Orden unterstanden. Das betraf nicht nur die Himalaja-Königreiche, sondern auch weite Gebiete im osttibetischen Kham und in Süd-Amdo. Administrative oder politische Autorität ist dabei oft auf das große Prestige einzelner inkarnierter Lamas zurückzuführen.

Die enge Bindung an die Überlieferungslinie und die große Bedeutung des persönlichen Lehrers haben zur Folge, dass sich die Mönchsgemeinde wie die Laiengläubigen in ihrer Loyalität in erster Linie auf den ihnen am nächsten stehenden Lama beziehen, der in der Regel auch der räumlich nächste ist. Natürlich gab es unter den tibetischen Lehrern immer auch solche, deren spirituelle Autorität und Charisma von so großer Anziehungskraft waren, dass ihr Einfluss weit über die von ihrem Kloster betreuten Gebiete hinausreichte.

Ihr Einfluss steigerte sich, wenn die Übertragungslinie durch eine Reinkarnation fortgesetzt wurde, die als Manifestation einer Gottheit gilt. Dies war häufig bei Ordensgründern und ab dem 12. Jahrhundert auch bei den Patriarchen der Fall. Die hierarchische Struktur innerhalb der Klöster und Orden konnte sich daher nicht in ihrer Gesamtheit auf das lamaistische System übertragen, da die Orden voneinander unabhängig waren. Die Unterstützung weltlicher Herrscher konnte ein bestimmtes Autoritätsgefüge erzeugen, aber auch, wie die Geschichte häufig gezeigt hat, immer wieder zerstören.

DIE ENTWICKLUNG DES REINKARNATIONSSYSTEMS

Das System der *Tulkus*, der bewussten Wiedergeburten, wurde im 13. Jahrhundert als eine Art spirituelle Erbfolge von den Karma-Kagyüpa eingeführt. Deren zweites Oberhaupt, Karma Pakshi (1206–1283), hatte prophezeit, dass er wiedergeboren und so seinen Nachfolger bestimmen werde. Das System setzt sich bis heute fort. Insofern ist der Karmapa eine Reinkarnation. Gleichzeitig gilt er als die manifestierte Gegenwart der Buddhaschaft, indem sich nämlich eine göttliche Wesenheit, in seinem Fall Avalokiteshvara (tibetisch *Chenresi*), in menschlicher Form verkörpert, »zu Fleisch wird«. Insofern ist er eine Inkarnation. Als »Körper der Verwandlung« repräsentiert er, wie alle inkarnierten Lamas, den Nirmanakaya-Aspekt des dreifach gestuften Buddha-Prinzips, Trikaya.

Konkurrierend zum System der Karmapa Lamas entwickelte sich die Wiederverkörperungsreihe der Sakyapa-Patriarchen, die als Inkarnationen des Bodhisattva Manjushri gelten. Nach und nach fand die Wiederverkörperungslehre Eingang in alle lamaistischen Orden – seit Gedündup auch bei den Gelugpa, die aber die teilweise praktizierte Vererbung klerikaler Funktionen innerhalb von Familienverbänden ausschlossen. Passend zu Tsongkhapas Betonung von Gelehrsamkeit und Wissen wurden er und die ersten vier Dalai Lamas als Inkarnationen des Weisheits-Bodhisattva Manjushri gesehen. Es war erst der 5. Dalai Lama, der sich über die Auffindung verborgener Schriften zu einer Inkarnation Chenresis wandelte. Als *der* tibetische Schutzpatron und als Manifestation der Barmherzigen Liebe ist dieser die bedeutendste und beliebteste Gottheit Tibets. Bis dahin war ihre wichtigste Inkarnation, der Karmapa Lama, ein unmittelbarer Konkurrent des 5. Dalai Lama.

Das Reinkarnationssystem breitete sich nicht nur auf alle Schulrichtungen aus, sondern auch innerhalb der Orden. Immer häufiger wurden die hochgelehrten Lamas als Heilige angesehen, da sie wegen ihrer Einsicht in die

Natur der Wirklichkeit ihre folgende Wiederverkörperung beeinflussen könnten. So übertrug sich die Vorstellung vom reinkarnierten Lehrer auf jede Übertragungslinie und ihre Verzweigungen. Das Charisma des Lamas ging auf sein Amt über. Im alten Tibet bildeten sich bald überall fest institutionalisierte Tulku-Linien aus, verstärkt durch immer neue Klostergründungen und das Bedürfnis jeder Region, ihren eigenen großen Lama hervorzubringen. Spätestens ab dem 18. Jahrhundert gehörte der Reinkarnationstitel »zum Inventar jedes mit Amt und Würden versehenen Lamas«[9], sodass es in Tibet schließlich mehrere tausend Tulkus gab.

Damit verstärkt sich der Eindruck, dass die authentische Lehre im tibetischen Buddhismus allein durch die große Anzahl von Lamas verkörpert wird, deren Maß an Verwirklichung ihre geistliche, gesellschaftliche und politische Rolle definierte.

EIN DALAI LAMA IST KEIN PAPST

Historisch betrachtet wurde die Autorität der bekanntesten Lama-Inkarnationslinien machtpolitisch gefestigt. So wertete die mongolische Einflussnahme im 12. Jahrhundert den Rang des Sakya Pandita auf, wie auch der Einfluss des Karmapa durch die Mongolen und das tibetische Fürstenhaus von Rimpung stieg. Die Dalai Lamas verdankten die Konsolidierung ihrer Macht den Mongolenfürsten Altan und Gushri Khan sowie ihren engen Verbindungen zum mandschurischen Kaiser in Peking. Für die Bevölkerung von größerer Bedeutung ist jedoch der Umstand, dass sie in diesen Lehrern Manifestationen transzendenter Wesenheiten sieht.

Seit dem 17. Jahrhundert wurde die Bedeutung des Dalai Lama so überragend, dass ihn frühe Tibetreisende mit dem Papst verglichen. Wichtige Gründe sprechen gegen diesen Vergleich. Formal ist der Dalai Lama, der inzwischen das politisch mächtigste Amt innehat, durchaus nicht das geistliche Oberhaupt seines Ordens: An der Spitze der geistlichen Hierarchie der Gelugpa steht der Ganden Tripa. Auch ist der Dalai Lama zwar über die Grenzen seines Ordens hinaus als großer Lehrer und geistlicher Würdenträger anerkannt; er kann jedoch den Nyingmapa, Kagyüpa oder Sakyapa in doktrinärer Hinsicht keinerlei verbindliche Weisungen erteilen. In der Konsequenz der Lehrauslegungen werden die schärfsten Grenzen gerade zwischen den Gelugpa und allen anderen Orden gezogen.

Gleichwohl steht der Dalai Lama in der allgemeinen Wahrnehmung für das lamaistische System. Wesentlicher als seine historische Rolle und hierarchische Position ist für die gläubigen Tibeter aber seine Funktion als göttliche Manifestation, als Verkörperung des Bodhisattva Chenresi, der sein eigenes karmisches Verdienst auf andere überträgt. Die tiefe Ehrfurcht, die dem Dalai Lama entgegengebracht wird, gilt damit weniger seiner menschlichen Form als vielmehr der Personifikation des geistigen Prinzips, das er verkörpert.

Seitdem der 14. Dalai Lama im Exil für die verschiedenen Gruppierungen der Tibeter als wichtigste integrierende Figur wirkt, haben sich allerdings auch sein Rang und sein Ansehen verändert. Nun wird ihm auch als Person größte Wertschätzung entgegengebracht. Dennoch hängen die Tibeter nicht der Vorstellung einer absoluten, unfehlbaren Autorität an, als die die westlichen Menschen den Dalai Lama gern sehen.

Der Dalai Lama mag das formelle Staatsoberhaupt der tibetischen Exilregierung sein, seinen Orden lenken und von den gläubigen Tibetern als Lehrer und göttliche Manifestation verehrt werden – er ist jedoch nie politisches Oberhaupt aller Tibeter von Ladakh bis Amdo gewesen. Auch ist er keineswegs der geistliche Führer aller Anhänger des tibetischen Buddhismus zwischen Bhutan und Burjatien, Dharamsala und Peking.

NONNENKLÖSTER

Die tantrische Praxis richtete sich ursprünglich an alle Erlösungsuchenden – Adressaten waren also durchaus nicht nur Männer. Anders als im orthodoxen Buddhismus gilt die Einbeziehung auch sexueller Bedürfnisse im Vajrayana nicht als Hindernis für die spirituelle Befreiung. Diese Haltung brachte eine Neubewertung der gesellschaftlichen Stellung der Frau mit sich. Das Ziel der Befreiung sollte den Frauen ebenso offen stehen wie Männern. Anfangs verschaffte dies den Frauen eine größere Bedeutung, und zwar sowohl als einfache Praktizierende als auch als große Meisterinnen.[10]

Entsprechend gingen auch Frauen den tantrischen Weg. Die frühe tibetische Geschichte ist voll von Erzählungen über bedeutende Lehrerinnen und Yoginis. In Tibet aber kam später auf zehn Mönche allenfalls eine buddhistische Nonne. Die meisten Nonnenklöster existierten nicht selbstständig, sondern waren als Zweigklöster Mönchsklöstern untergeordnet. In der Praxis wurde einer Nonne in Tibet niemals derselbe Rang zuerkannt wie einem Mönch; darüber können auch Fälle wie die berühmte weibliche Inkarnation Dorje Phagmo, Äbtissin des Männerklosters Samding, nicht hinwegtäuschen. Die Ursache hierfür liegt in der stark patriarchalisch orientierten Weltsicht der tibetischen Gesellschaft. Es ist wohl kein Zufall, dass in Tibet ausgerechnet der Shangpa-Orden seine Selbstständigkeit einbüßte: Er geht zu beträchtlichen Teilen auf die Lehren zweier Frauen, den Yoginis Niguma und Sukhasiddhi, zurück.

Der mangelnde Rückhalt der Nonnen führte dazu, dass ihre religiöse Praxis im Kern aus einfachen Lesungen, Pujas und rituellen Begehungen bestand. Innerhalb des monastischen Systems hatten sie keinen Zugang zu höheren philosophischen Studien. Dies änderte sich erst nach den für Tibet katastrophalen Umwälzungen der Revolution in China und der späteren Neubelebung des Buddhismus. Der angesehene Lama Khempo Jigme Püntsog machte auf diesen Makel im lamaistischen System aufmerksam und begann speziell Nonnen zu fördern.

Wie wenig Unterstützung dies in der Bevölkerung findet, wurde allerdings deutlich, als seine buddhistische Akademie in Serta im Jahr 2001 Probleme mit den Behörden bekam. Die enorm angewachsene Anzahl von Hörern (von 30 bei Gründungsbeginn zu Beginn der 80er Jahre auf über 7000 im Jahr 2000) wurde auf drastische Weise beschnitten, indem man vor allem die Nonnen der Akademie verwies. Mönche wegzuschicken hätten sich die Tibeter nicht gefallen lassen; die Vertreibung von Nonnen dagegen nahmen die Einheimischen ohne größere Aufregung hin.

DIE RELIGIÖSE WELT DES LAIENSTANDES

Im Gegensatz zu den gelehrten Mönche war und ist es der Laienbevölkerung Tibets kaum möglich, selbstständig durch Meditation und Studium zur Erkenntnis und mit ihr zur Erlösung zu gelangen. Der frühe tantrische Buddhismus bot Laien noch die Möglichkeit, neben einem normalen weltlichen Leben eine nichtasketische buddhistische Praxis zu üben, denn Askese war keine Voraussetzung für die spirituelle Übung. Mit der massiven Ausweitung des Klosterwesens in Tibet und dem steigenden Einfluss der Gelugpa, die die Ordensdisziplin über alles stellen, wurden die einfachen Gläubigen in ihrer Praxis jedoch auf die Rolle beschränkt, die ihnen im Theravada zugedacht ist. Sie sollen sich durch gute Werke, ein der buddhistischen Ethik folgendes Verhalten sowie durch die Versorgung der Mönche die erhoffte bessere Wiedergeburt erarbeiten.

So versuchen tibetische Laien bis heute, durch Spenden und die Stiftung religiöser Bildnisse sowie sakraler Gegenstände gutes Karma für eine bessere Wiedergeburt anzusammeln, was ihnen ohne göttlichen Beistand einen langen, beschwerlichen Weg zur Erlösung verheißt. Das lamaistische System tröstet den Laien mit der Aussicht, dass die Bodhisattvas das ihre dazutun werden, sie auf dem Weg zur Befreiung voranzubringen. Im engeren Sinn sind dies die Lamas, die ja als manifestierte Gegenwart der Buddhaschaft gesehen werden.

Die kultische Beteiligung der buddhistischen Laien in Tibet beschränkt sich traditionell auf die eher magisch-rituell anmutenden Praktiken. Sie umwandeln die Heiligtümer, verehren Reliquien, setzen Gebetsmühlen in Gang, murmeln Mantras und stiften Bildnisse, um deren Heilswirksamkeit für sich nutzbar zu machen. Die in den Höheren Tantras beschriebenen Methoden bleiben ihnen jedoch unzugänglich.

Im frühen Buddhismus diente der Kultus lediglich dem Zweck, das Herz des Verehrers von Buddha durch den Verehrungsakt zu läutern. Daher wurden dem Laien für seine Bitten um irdische Güter die vergänglichen Götter des alten Volksglaubens gelassen. Die buddhistische Heilslehre des Mahayana entwickelte sich zu einem alle Gebiete des religiösen Lebens umfassenden Glauben, weshalb wir den Kult der vergänglichen Gottheiten im tibetischen System integriert sehen.

So haftet den Buddhas und Bodhisattvas der Charakter von Nothelfern an, die den Gläubigen von ihren transzendenten Welten aus Gnade und Trost spenden. Insofern entwickelte sich in der tibetischen Volksreligion parallel zum monastischen Bereich eine rituelle Praxis, deren Ausübung zwar stark von jener in den Klöstern beeinflusst ist, aber weniger dem spirituellen Fortkommen als vielmehr irdischen Belangen dient. Viele tibetische Pilger kommen mit weltlichen Wünschen zu »ihren« Göttern in den Tempel und beten dabei nicht weniger inbrünstig als andere. Nicht zuletzt deshalb wirkt der tibetische Buddhismus mit seinen zahllosen Bildnissen, Symbolen, Formeln, Gesten und Riten oft überwuchert.

Dennoch gibt es Laienanhänger, die sich intensiver auf den tantrischen Weg einlassen. Als Mantrin (*Ngagpa*) ist für sie die Weihe nach den Vorschriften des Vinaya keine unverzichtbare Voraussetzung; sie müssen nach religiösen Unterweisungen und dem Bodhisattva-Gelübde nur eine begrenzte Anzahl von Vorschriften befolgen. Die Vorstellung, in Tibet gebe es eine größere Anzahl von Laien, die eine Zeit lang zu religiösen Unterweisungen und Meditationen ins Kloster gehen, ist ein unzulässiger Rückschluss anderer buddhistischer Länder Ost- und Südostasiens. Zwar wird von einer »Tradition« in Ladakh berichtet, bei der Laien in Klosterschulen unterwiesen werden, doch im traditionellen lamaistischen Kulturraum sind dies Ausnahmeerscheinungen. Im Exil werden sie erst heutzutage alltäglicher, da die Begegnung mit anderen Glaubensformen, die Laien eine größere Rolle im gemeinschaftlichen Zeremoniell zugestehen, dem tibetischen System neue Anregungen vermittelt.

Die hohe Schule der tantrisch-buddhistischen Philosophie ist ohnehin nur ein Teil der Wirklichkeit des religiösen Lebens in Zentralasien. Trotz der vielen Mönche sind für die meisten Tibeter noch jene Glaubensvorstellungen bestimmend, die in der alten, vorbuddhistischen Bön-Religion wurzeln. Die einfachen Menschen schauen zu den Mönchen, besonders den hohen inkarnierten Lamas, auf und erbitten deren Segen. Sie bewundern ihre Gelehrsamkeit und fragen sie im Kloster oder bei häuslichen Zeremonien um Rat.

Im alltäglichen Leben jedoch sind ihre Anschauungen überwiegend vom Glauben an Kräfte geprägt, die als animistisch charakterisiert werden können. Diese wirken auf die Natur, den Menschen, ja den ganzen Kosmos ein, beeinflussen sich gegenseitig und bestimmen die menschlichen Schicksale. Durch Riten und magische Praktiken versucht der Mensch, auf sie Einfluss zu nehmen. Dabei bildete sich eine Vorliebe für bestimmte Mächte heraus, die im Lauf der Zeit als jene Schutzgötter personifiziert wurden, die erst durch die Auseinandersetzung mit dem alten Bön Eingang ins lamaistische Pantheon fanden.

Der Buddhismus verlangt von seinen Anhängern allerdings nicht, aus anderen Kultgemeinschaften auszutreten – ein »Übertreten« im Sinne der christlichen oder islamischen Religionen findet nicht statt. Entsprechend ist es nicht ungewöhnlich, Buddhisten in Asien eine Vielzahl verschiedener Kulthandlungen verrichten zu sehen, die von außen betrachtet unbuddhistisch wirken.

DIE TIBETISCH-BUDDHISTISCHE VOLKSRELIGION

Die bäuerliche und nomadische Bevölkerung des riesigen tibetischen Hochlands begreift in ihren animistisch-schamanistischen Überzeugungen nicht allein Menschen und Tiere, sondern auch Pflanzen, Berge, Felsen, Seen und Naturphänomene, wie etwa den Donner, als beseelt. Um sie zu besänftigen oder sich dienstbar zu machen, bringen die Menschen Opfer dar und wenden magische Praktiken an.

Auf solche Anrufungen (*Bön*) spezialisierten sich in der Frühzeit besonders begabte Mitglieder der Gemeinschaft, die Schamanen. Im alten Tibet oblag ihnen die Beschwörung feindseliger Mächte mit dem Ziel ihrer Zähmung. Andere, oft positiv wirkende Mächte sollten sie dagegen um Hilfe und Schutz anrufen. Diese Anrufungen erfuhren eine gewisse Ritualisierung, was die Verbindung mit dem Lamaismus beförderte.

Die Volksreligion umfasst ein jahrtausendealtes magisches und mythisches Erbe, das nach und nach in die buddhistische Anschauungswelt eingegliedert wurde. Schamanen wurden im Kloster als Orakelpriester integriert – im Himalaja wirken sie bis heute im Volk. In vielen kultischen Bereichen erweisen sich Grenzziehungen als kaum möglich. Vor dem Hintergrund der tantrischen Auffassung, dass für das Erlösungsziel ohnehin alle Wege genutzt werden können, sind sie aber auch gar nicht nötig.

FOLGEN FÜR DIE RELIGIÖSE PRAXIS DER LAIEN

Die größte Hoffnung tibetischer Laien, auf dem Erlösungsweg zum Ziel zu kommen, ruht auf dem Beistand der Bodhisattvas und Lamas. Der Glaube, ein Bodhisattva ab der achten Stufe könne sein eigenes karmisches Verdienst auf andere übertragen, war dem ursprünglichen Buddhismus völlig fremd. Diese Vorstellung fiel jedoch in Zentralasien auf fruchtbaren Boden, da der Glaube an die Übertragbarkeit der einem Wesen oder Ding innewohnenden Macht ein typisches Merkmal animistischer Weltanschauung ist.

Das bezieht sich nicht allein auf das »gute Karma« der Bodhisattvas, sondern auch auf die Kraft, die Reliquien oder Gegenständen von als heilig betrachteten Personen zugesprochen wird. Hieraus erklärt sich die Bedeutung der vielen Amulettkästchen, die die Tibeter meist bei sich tragen. Diese wiederum werden durch die darin befindlichen Buddhastatuetten zum buddhistischen Reliquiar, ebenso wie die kleinen Votivfigürchen aus Lehm (*Tsatsas*) und die mit buddhistischen Schriften bedruckten Gebetsfahnen.

Über die Möglichkeit des barmherzigen Beistands der Bodhisattvas hinaus sind die Gläubigen bemüht, selbst aktiv zu ihrem Glück in Gegenwart und Zukunft beizutragen: durch das erwähnte Anhäufen verdienstvoller Taten. Die Bandbreite dieser Handlungen reicht von der Freilassung todgeweihter Tiere über Gaben an Mönche und Schenkungen an Klöster bis hin zum Malen eines Thangkas oder dem Lesen heiliger Schriften.

Der *Parikrama*, die im Uhrzeigersinn vollzogene Umwandelung heiliger Orte und Bauten als Zeichen der Ehrerbietung, ist für die Anhäufung von Verdienst ebenfalls sehr beliebt. Je größer die Zahl der Kultbildnisse, je bedeutender die Gottheit und je heiliger der Ort, desto größer wird auch das Verdienst, das der Gläubige dabei für sich erwirbt. Auch Pilgerschaften gehören zu den besten und beliebtesten möglichen Wegen in die Erlösung – besonders das Pilgern zum Kailash, dem heiligsten aller Berge, und nach Lhasa, wo der Jokhang-Tempel für alle Tibeter den Inbegriff des Sakralen verkörpert.

Das Vorlesen heiliger Schriften mussten die meisten Gläubigen früher wegen des verbreiteten Analphabetentums Mönchen gegen Bezahlung übertragen, während ihnen selbst nur die Rezitation von Gebeten und Mantras blieb. Mit dem berühmtesten aller Mantras, *Om mani padme hum*, wird Chenresi angerufen, der Allbarmherzige, der den Gläubigen in der Verkörperung als Dalai Lama beisteht.

Das mechanische Aufsagen der Gebete führt uns zu einem anderen Phänomen der tibetischen Religiosität: den Gebetsmühlen. Auch sie dienen der Ansammlung »guten Karmas«. Das ständige Kreisen des Gebetszylinders als Analogie zum ständigen Kreislauf der Wiedergeburten hilft sicher, die eigenen geistigen Kräfte ganz auf das Rezitieren der heiligen Formeln zu konzentrieren. Im Vordergrund steht jedoch der Erwerb millionenfa-

chen Verdienstes. Jede Umdrehung einer Gebetsmühle
verschafft dem Gläubigen das Verdienst, das durch die
Gesamtheit der in ihr aufbewahrten Schriften erworben
werden kann.

Die tantrische Ritualistik verhalf solchen gewohn-
heitsmäßig geübten Praktiken der Volksreligion zu einem strengeren und bestimmteren Aufbau. Schließlich
sollte jenen Riten, die anfangs nicht das Geringste mit
Buddhismus zu tun hatten, durch die Anrufung entspre-
chender Gottheiten ein buddhistischer Anstrich verliehen werden.[11]

RITUALE FÜR BERGGOTTHEITEN UND IHRE INTEGRATION INS LAMAISTISCHE SYSTEM

Die Vielzahl der im Volksglauben gefürchteten und geschätzten überirdischen Geschöpfe lässt sich nicht zuletzt
durch die Größe Zentralasiens erklären. Unter ihnen be-
finden sich zahllose Berggottheiten, die sich als herausra-
gende Gebirgszüge ihre Heiligkeit als Ahnengottheiten
bewahrt haben. Wie viele andere bezwang Padmasambhava sie gemäß legendärer Überlieferung mit Hilfe seiner magischen Kräfte, und so wurden sie als Schutzgottheiten ins lamaistische Pantheon eingegliedert.

Je nach Bedeutung werden ihnen zu Ehren Rituale ab-
gehalten, deren Charakter zwischen Opferung und kulti-
scher Verehrung nach buddhistischer Manier liegt. In
Osttibet blieben archaische Kulte erhalten, während heilige Berge in Zentraltibet als Geste der Ehrerbietung
umwandert werden. Bei Kulten in Amdo und Kham op-
fern Männer dem Berggott an einem bestimmten Feier-
tag überdimensionale Pfeile und stellen sie in einer
Steinsetzung auf dem Gipfel oder am Fuß des Berges auf.

Opferaltäre für Berggottheiten haben ihren Weg auch
in die Klöster gefunden. *Lungta* – kleine, auf Papier ge-
druckte »buddhistisch besetzte« Glückssymbole – werden dort in die Luft geworfen, um der Gottheit die persönlichen Wünsche mitzuteilen. Andernorts lesen Mön-

che Schriften zu Ehren von Berggöttern. In verschiedenen Vermischungsstufen wandelt sich das Ritual vom animistischen Opfer bis hin zur buddhistischen Puja für Berggottheiten, die wie Amnye Machen als »Beschützer der Lehre« (Dharmapala) Eingang in die klösterliche Praxis gefunden haben.

In solchen Ritualen zeigt sich erneut, dass buddhistische und nichtbuddhistische Traditionen nicht nur ohne Schwierigkeiten zusammenfinden, sondern dass sich im Lamaismus auch eine beständige Koexistenz ergeben hat. Erst ihr Zusammenwirken macht die religiöse Erfahrung der Tibeter aus. Das wird in der üblichen westlichen Vorstellung des Lamaismus gern übersehen, allenfalls misst man dieser Tatsache als religionshistorischem Phänomen Bedeutung bei. Zudem werden zeremonielle Verhaltensmuster wie zum Beispiel die rituelle Umwandelung grundsätzlich als buddhistisch gewertet, ohne ihren vorbuddhistischen Hintergrund zu reflektieren. Rituelle Begehungen sind vielen religiösen Gemeinschaften und nicht nur den Buddhisten bekannt; im Uhrzeigersinn werden sie nur im tibetischen Buddhismus zwingend, da die Abgrenzung zu Bön- oder nichtbuddhistischen Kulten sonst nicht mehr möglich scheint.

Es ist dieses Charakteristikum der tibetischen Religiosität, das uns nicht nur die monastisch-spirituelle Seite des tibetischen Buddhismus sehen lassen sollte, sondern auch seine volksreligiöse Variante. Da die in den Klöstern gepflegte philosophische Spekulation und Erlösungssuche auf dem tantrischen Weg nur wenigen Auserwählten vorbehalten bleibt, hat sich der lamaistische Ritualismus über seine klösterliche Ausprägung hinaus auch der für die Alltagsbedürfnisse des Laien geschaffenen liturgischen Formen bemächtigt; durch sie soll der Laie Herr seiner Ängste werden und Befriedigung in seiner Heilserwartung finden.

ANSPRUCH UND WIRKLICHKEIT

ALTRUISTISCHE MOTIVATION UND EGOISTISCHE PRAXIS

Wie wir gesehen haben, ist der Buddhismus mit seinem Ziel der Beendigung des Leidens auf ethische Werte ausgerichtet, die durch das Bodhisattva-Ideal bis zur Selbstentäußerung fortschreiten. Den Menschen aus dem tibetisch-buddhistischen Kulturraum wird demgemäß im Westen ein hohes Maß an idealistischer Verwirklichung zugeschrieben. In Kenntnis der Vorstellung, dass weit größere Wirkungen durch Taten hervorgebracht werden, deren Motivation altruistisch ist, und die Tibeter als überaus fromme Menschen erkennbar sind, musste man ihre Lebenswelt für eine – zumindest ehemals – heile Welt halten.

Wenn wir den Blick zunächst auf die einfachsten Regeln, die buddhistische Laien befolgen sollen – nicht zu töten, nicht zu stehlen, nicht zu lügen, nicht die Ehe zu brechen, keine berauschenden Getränke zu genießen –, und anschließend auf die gesellschaftliche Wirklichkeit Tibets richten, dann müssen wir feststellen, dass ihr dennoch Diebstähle, Raubüberfälle, Morde, Ehebruch und Rausch nicht fremd sind. Dies gilt nicht erst seit der chinesischen Besatzung; Berichte aus früherer Zeit künden von diesen Vorgängen. Tibeter sind, und das betonen sie selbst meist stärker als wir Europäer, eben auch nur Menschen.

Nun mag man sagen, dass die altruistische Haltung eher in der monastischen Bevölkerung anzutreffen sei. Diese war ja in Tibet – abgesehen von der ebenfalls lamaistisch geprägten Mongolei – die größte auf der Welt. In der Tat finden die Mönche in den Klöstern, unterstützt durch die Laien, beste Voraussetzungen vor, um buddhistische Ideale zu verwirklichen.

Prinzipiell sollte jeder Mönch das Bodhisattva-Gelübde ablegen und nach ihm leben. Für ihn gelten Gebote in verschärfter Form. Nach den ursprünglichen Vorstellungen des Buddhismus sollte er außer Gewändern, Almosenschale, Schermesser, Nadel und Wassersieb nichts besitzen. Der Grundsatz, dass Mönche auf jeden Luxus zu verzichten haben, lässt sich in Tibets Klöstern kaum nachvollziehen. Dort fahren sie mit Motorrädern herum, machen Geschäfte (in manchen Gegenden Amdos waren Mönche zu Anfang des 20. Jahrhunderts die größten Wucherer) und gehen anderen, sehr weltlichen Beschäftigungen nach. Das darf allerdings nicht erstaunen, da häufig die Eltern entscheiden, dass der Sohn Mönch wird.

Andererseits ist die Zahl charismatischer Lehrer unter den Tibetern offensichtlich sehr groß. In Anbetracht der gewaltigen Menge an Mönchen machen sie letztlich aber nur wenige Prozent aus. Die Entwicklungen im heutigen Exil und im wieder buddhistisch aktiven Tibet gehen zudem dahin, dass hohe Lamas zum Teil Geländewagen besitzen, an klimatisch angenehmeren Orten überwintern und sich aus Prestigegründen eine fünfstöckige Tempelhalle (mit Lama-Badezimmer) aus Zement anstelle einer schlichteren, aber traditionellen Wirkungsstätte errichten lassen.

Die geistliche Führung selbst stellt manche dieser Entwicklungen in Frage. In Amdo unterrichtet der eminente inkarnierte Lama Dorshi außer in seinem Kloster Chörten Thang auch an einer städtischen Hochschule. In seinen Büchern wendet er sich an das Heer der tibetischen und chinesischen Laien, die seiner Meinung nach nicht wirklich verstehen, was Buddhismus ist. Er fordert dazu auf, weniger für die aufwändige Ausschmückung der Klöster zu spenden und das Geld stattdessen für soziale Projekte zu stiften.

Es ist in der Tat erstaunlich, dass die Tibeter, die in tiefster Frömmigkeit einer Religion folgen, deren Grundgedanke der Altruismus ist, kaum eine Tradition gemeinschaftlich verantworteter sozialer Projekte entwickelt haben. Ihre tiefe Gläubigkeit wird häufig viel zu schnell damit gleichgesetzt, dass sie kein anderes Bestreben hätten, als den buddhistischen Prinzipien zu folgen und die Bodhisattva-Ideale zu verwirklichen. Das war niemals ihr alleiniger Antrieb, haben doch schon andere große Freunde Tibets erkennen müssen, dass der eigentliche Beweggrund ganz eigennützig und die rituelle Praxis in hohem Maße mechanisch ist:

»Ein ... bemerkenswertes Kennzeichen der tibetischen Religiosität ist ihr auffallender Mangel an sozialem Mitgefühl. Echter Buddhismus mahnt zur Liebe für alle Geschöpfe; in seinem Mittelpunkt steht das Gelöbnis, sich bis zur äußersten Selbstaufopferung um das Wohl aller Wesen zu bemühen; sein Ziel ist es, alle Wesen vom Leid zu befreien und dem Licht endgültiger Erlösung entgegenzuführen. Mit diesem Gelöbnis schließen zwar auch in Tibet alle Gebete, auch jene, die der Laie alltäglich hersagt, doch gehen die darin enthaltenen Lehren selten über den Bereich einer verschwommenen theoretischen Aussage hinaus. Schon ihr bloßes Aufsagen verleiht der Seele des Tibeters Frieden und die Gewissheit, seine Glaubenspflicht als Buddhist erfüllt zu haben.«[12]

In der heutigen Zeit verändert sich aber auch manches zum Positiven. So haben die im Exil lebenden Tibeter begonnen, ihr Verharren in der Tradition zu hinterfragen, politische Dogmatik abzulegen und in der alten Heimat mit sozialen Projekten aktiv zu werden. Durch den Bau von Krankenhäusern, Alten- und Kinderheimen oder Schulen sowie durch die Unterstützung medizinischer Ausbildung und die Förderung klassischer Handwerkerfertigkeiten beschreiten heute mehr und mehr tibetische Laien den Bodhisattva-Weg.

Umso verwunderlicher ist es, dass von den größten Lehrern, deren Gefolgschaft sich die Exilregierung rühmt, nur wenige (wie zum Beispiel der in Deutschland lebende Dagyab Rinpoche) selbst auf dem sozialen Sektor tätig werden. Die meisten sind vielmehr damit beschäftigt, im Westen politische Unterstützung gegen China oder, in einer Art Mission, neue buddhistische Anhänger zu gewinnen. In Tibet statten sie mit Spendengeldern Klöster aus, vergrößern sie und stärken dort vor allen Dingen den Monastizismus.

Immerhin haben die tibetischen Klöster inzwischen selbst mit dem Bau von Schulen begonnen, unterhalten Hospitäler und finanzieren Ärzte, die die medizinische Versorgung der Bevölkerung gewährleisten sollen. Ist der tibetische Buddhismus heute an einem Scheideweg angekommen?

FEHLENTWICKLUNGEN DES LAMAISTISCHEN MONASTIZISMUS

Da der tibetische Buddhismus als Weiterentwicklung des tantrischen Buddhismus Indiens vor allem eine monastische Kultur darstellte, sahen die meisten Familien es als ihre Pflicht an, mindestens einen Sohn ins Kloster zu schicken. Folgten nicht ausreichend Menschen dieser Ehre, so konnte dem per Verordnung Nachdruck verliehen werden. Viele Mönche waren vom monastischen Dasein oder einem spirituellen Leben überfordert, zumal die meisten sich nicht freiwillig dafür entschieden hatten. In Tibet und, in geringerem Ausmaß, im Exil wird diese Entscheidung noch heute überwiegend von den Eltern getroffen.

Theoretisch ist das Ablegen der Mönchsgelübde nicht unumkehrbar. Selbst bei den Gelugpa könnte ein Mönch sie rückgängig machen und heiraten. Angesichts der enormen Bedeutung des Mönchsrangs kam dies in der Regel aber aus zweierlei Gründen fast nie vor: Zum einen war der soziale Druck in der überwiegend ländlich geprägten tibetischen Gesellschaft zu groß, als dass man sich ihm nach Verlassen des Klosters ohne weiteres hätte entziehen können. Zum anderen verband sich das Mönchsein mit so viel Prestige und zuweilen auch Privilegien, dass selbst Mönche, die sich nicht freiwillig für das Klosterleben entschieden hatten, formell in der Gemeinschaft blieben, um deren Vorteile zu nutzen.

Im traditionellen Tibet ist der Eintritt ins Kloster somit trotz des Fehlens unumstößlicher Vorschriften ein Eintritt auf Lebenszeit. Damit wird schnell deutlich, dass die Zahl der Klosterbrüder, die sich auch weltlichen Dingen widmeten und heute wieder widmen, beträchtlich sein muss. Das entging auch der einfachen Bevölkerung nicht. Sie verarbeitete dies in mündlicher Erzählliteratur, in der beispielsweise die beliebte Figur des »verrückten Narren« Drugpa Künleg »Missstände« in den Klostergemeinschaften anprangert: mangelnde Disziplin und laxe Moral, Geschäftemacherei, Homosexualität und vieles mehr.

Ein weiteres typisches Merkmal des Lamaismus sieht der Westen als organisch an, ohne seine Auswirkungen zu hinterfragen: die doppelte Funktion der Lamas als politische Machthaber und religiöse Würdenträger in der alten Gesellschaft. Wenn die Tibeter diese zweischneidige Rolle ihrer Lamas weiterhin als erstrebenswert erachten, darf uns dies nicht verwundern, ist doch die überhöhte Stellung des Lehrers im tibetisch-buddhistischen System offensichtlich.

Dass westlichen Anhängern des Buddhismus oder der tibetischen Kultur nach ihrem Aufwachsen in säkularen Staaten – in deren Verfassungen ja die Trennung von Politik und Religion festgeschrieben ist – die unvereinbaren Widersprüche zwischen demokratischen Prinzipien und der Entscheidungsgewalt des Lamas nicht aufgehen, ist dann doch sehr erstaunlich. Gewiss wäre es für die Menschen von Nutzen, wenn verwirklichte Lehrer, die nach dem Bodhisattva-Gelübde leben und handeln, auf sie sowie ihre gesellschaftlichen und politischen Institutionen einwirkten.

Geschichtlich allerdings hat sich erwiesen, dass die Lehrer diesen Weg immer wieder verließen, selbst wenn sie die mächtigsten Positionen bekleideten. Das ist zwar weder Sinn der tantrischen Praxis noch Ideal des Buddhismus, aber eben doch eine wesentliche Auswirkung und ein typisches Merkmal des lamaistisch geprägten Gesellschaftssystems.

BUDDHA GOES WEST – DER TIBETISCHE BUDDHISMUS IM WESTEN

Als der Dalai Lama und eine ganze Reihe weiterer tibetischer Persönlichkeiten im Jahr 1959 ins Exil gingen, förderte dies die Verbreitung des tibetischen Buddhismus. Eines der Hauptprobleme der westlichen Begegnung mit dem tibetischen Buddhismus ist nicht zuletzt der völlig andere kulturelle Hintergrund: Zum einen ist die ihm zugrunde liegende Vorstellung von einem leidvollen Dasein, dem zu entfliehen die Loslösung aus jeglicher Form von Existenz bedeutet, ein Konzept, das der autochthonen europäischen Religiosität, die ein ewiges Leben im Paradies anstrebt, diametral gegenübersteht. Zum anderen sind die volksreligiösen Elemente, die nicht nur selbst vom Buddhismus beeinflusst wurden, sondern auch ihrerseits die tibetische Prägung des Vajrayana schufen, den meisten Europäern fremd.

Das mag der wesentliche Grund dafür sein, warum beispielsweise der aus der Karma-Kagyüpa-Linie kommende Chögyam Trungpa eine neue vajrayanische Gemeinde (*Dharmadhatu*) gründete, die interessierten Menschen aus dem Westen den Zugang zum tantrischen Buddhismus ermöglichen will – ohne dass sie sich dafür um das spezifisch Tibetische daran kümmern müssten. Letztlich griffen selbst die eher orthodox orientierten Gelugpa unter Führung des Dalai Lama im Exil Elemente nichttibetischen Denkens auf, die westlichen Interessenten den Zugang zur tibetischen Religion und Kultur erleichtern – angefangen bei Mahatma Gandhis Vorstellungen vom gewaltlosen Widerstand bis hin zur Bedienung westlicher Leitbilder mit demokratischen, emanzipatorischen und ökologischen Anschauungen.

WESTLICHE PROJEKTIONEN

Die Wahrnehmung einer so vielgestaltigen Religion, wie sie uns im Lamaismus gegenübertritt, kann auf vielfache Weise verzerrt werden. Eine Gesellschaft, die fromm einer Religion folgt, die das Töten verbietet, Mitgefühl mit allen Lebewesen lehrt und dem Egoismus altruistische Bodhisattva-Ideale entgegenstellt, wird im Westen gern als eine Gesellschaft wahrgenommen, die unsere idealistischen Werte scheinbar mühelos verwirklicht. So betrachten die Menschen hierzulande die Tibeter meist als grundsätzlich pazifistisch, altruistisch, oft sogar als feministisch-emanzipatorisch orientierte, ökologisch handelnde und spirituell sehr weit entwickelte Menschen. In Wahrheit kämpfen die Tibeter, wie andere Leute auch, mit ihren – oft liebenswerten – Schwächen und Fehlern.

Die westliche Öffentlichkeit fühlt sich oft befugt, ein Urteil über die Verhältnisse auf dem »Dach der Welt« abgeben zu dürfen. Im Glauben an gängige Stereotypen haben sich die Europäer sogar an die Beantwortung der Frage gemacht, wer tibetischen Buddhismus korrekt und berechtigterweise lehrt und wer nicht. Darüber wurde in den letzten Jahrzehnten im Westen wohl mehr gestritten als im alten Tibet selbst. Das mag daran liegen, dass viele Europäer, die sich vom tibetischen Buddhismus angezogen fühlen, erstaunlich autoritätsgläubig sind. Dies trifft umso mehr zu, je weniger fortgeschritten ihre buddhistische Praxis ist.

Gläubige aus dem ursprünglichen Kulturraum des tantrischen Buddhismus dagegen verhalten sich ihren Lamas gegenüber zwar ehrfurchtsvoll, wissen aber doch genau, dass deren Funktion in der Hierarchie nicht notwendigerweise mit einem hohen Verwirklichungsgrad verbunden sein muss. Allerdings ist der prozentuale Anteil der verwirklichten Meister unter tibetischen Lehrern beträchtlich, da ihr Erfolg nicht nur von der äußerst intensiven, ständig beaufsichtigten meditativen, ethischen und rituellen Schulung abhängt, sondern auch von vorweisbaren Resultaten dieser Schulung: der Verwirklichung von höheren Bewusstseinskräften.

Bliebe noch die Toleranz zu nennen, die Buddhisten ihren Mitmenschen gegenüber walten lassen. Deren größtes Ausmaß betrifft die Anerkennung der verschiedenen Wege, die innerhalb des tantrischen Systems zur Erlösung beschritten werden können. Anderen Religionen gegenüber sind die Tibeter offen, wenngleich sie, wie viele Menschen in der westlichen Welt, nicht gut auf den Islam zu sprechen sind. Überraschenderweise sind die Antipathien kaum irgendwo größer. Wir sollten uns nicht darüber hinwegtäuschen: Auch ein einfacher Tibeter lebt im Bewusstsein, dass *er* dem richtigen Weg folgt.

Und hier kommen wir zu einem letzten westlichen Klischee über den Buddhismus: dass er nicht missionierte. Gerade die Geschichte der Verbreitung des tibetischen Buddhismus zeigt eindrücklich, dass das Gegenteil der Fall ist. Denn missionarische Tätigkeiten wurden in der Geschichte Tibets von Lamas, die gleichzeitig lokale Machthaber waren, eindeutig auch zu politischen Zwecken missbraucht.

AUSBLICK

Die Frage, ob die religiöse Kultur Tibets überleben wird, wird je nach Blickwinkel anders zu beantworten sein. Das westliche kulturorientierte Publikum blickt – bei allem Interesse an den geistigen Produkten des tibetischen Buddhismus – insgesamt sehr materialistisch auf seine alte Kunst. Bei jedweder Reflexion über den wieder auflebenden Lamaismus im modernen Tibet fehlt kaum der Hinweis auf das unwiederbringlich Verloschene: die zerstörten Kulturschätze. Der künstlerische Ausdruck des Spirituellen wird im Westen, von praktizierenden Buddhisten einmal abgesehen, überwiegend unter dem Aspekt seines künstlerischen und unweigerlich auch antiquarischen materiellen Werts betrachtet.

Tibeter schauen mit anderen Augen auf ihre Bildnisse und Heiligtümer, die für sie keine Kunstwerke oder gar Museumsstücke, sondern nur »religiöse Werkzeuge« sind – Mittel, die zur Anbetung und Sammlung, zur Veranschaulichung der Lehrinhalte und ihrer Geschichte geschaffen wurden. Daher werfen sich die Gläubigen vor ihnen nieder, umwandeln sie und pressen die Stirn an die Sockel der Statuen oder gegen Wandmalereien. Der Wert dieser Gegenstände erklärt sich für sie aus der Verehrungswürdigkeit der abgebildeten Gottheit und ihrem Nutzen für die religiöse Praxis. Während solche Bildnisse bei uns in einer Ausstellung nicht einmal berührt werden dürfen, wurden sie im alten Tibet oft »aufgefrischt«, das heißt einfach übermalt. Und wenn dies heute geschieht, mit schreienden Farben, aber nach den ikonographischen Vorschriften, dann bringt diese Handlung immer noch religiöses Verdienst ein.

Von dieser Warte aus betrachtet, ist das, was seit Beginn der 80er Jahre in Tibet wieder entstanden ist, eigentlich ungeheuerlich. Nicht nur, dass fast alle ursprünglichen Klöster und Tempel neu eröffnet, aufgebaut und zu großen Teilen restauriert wurden – man hat sie mit neuen, in ihrer Qualität und ikonographischen Exaktheit zumeist vorzüglich ausgeführten Statuen und Malereien ausgestattet. Die Kosten hierfür beliefen sich in den letzten 20 Jahren auf mindestens zweistellige Milliarden-Dollar-Summen und wurden nicht, wie viele erwarten würden, von Exil-Tibetern oder dem unterstützungswilligen Ausland aufgebracht. Dies leisteten überwiegend die tibetischen Gläubigen zu Hause, zu geringen Teilen auch der Staat und örtliche Verwaltungen.

Der Wiederaufbau von Klöstern und ihre Ausstattung sind – mögen Kritiker zu Recht einwenden – *eine* Sache; die Wiederaufnahme und Fortentwicklung von Ausbildung, Lehre und Praxis ist eine ganz andere. In dieser Hinsicht hat der tibetische Buddhismus in seinem Stammland gewiss noch zu kämpfen, solange der chinesische Staat sich nicht aus den religiösen Angelegenheiten der Lamas heraushält.

Auch wandelt sich die tibetische Gesellschaft, weshalb für ihre Religion wie auch für die sie vertretende Lama-Hierarchie ebenfalls eine Erneuerung notwendig wird. Nicht nur im Exil findet Wandel statt, auch Tibet erlebt die Globalisierung. Während der Wandel im Exil – wie zum Beispiel die üblich gewordenen Retreats von Laien – vom Westen als Fortschritt gewertet wird, versteht man Wandel in Tibet immer gleich als Anzeichen des Untergangs der »reinen Lehre«. Sollten die Tibeter den Wandel in ihrem buddhistischen System aber aus eigener Kraft bewältigen, dann hat nicht nur »ihr« Buddhismus in Tibet selbst zukünftig wieder große Chancen, sondern er vermag dann wohl auch wieder Impulse nach außen zu geben.

Das Fazit, dass der tibetische Buddhismus in Tibet selbst durchaus wieder lebendig sei, mag manchen Leser überraschen. Er mag sich daher die Frage stellen, ob wir ihn vor allen Dingen als eine religiös-weltanschauliche Sache Tibets, der Tibeter und der unmittelbar von ihnen beeinflussten Nachbarn sehen müssen, oder ob die weltweite Präsenz von Lehrern dieser Glaubensrichtung ihn nicht vielmehr zu einem globalen Phänomen gemacht hat, das inzwischen fest in westlichen Gesellschaften verankert ist. Ich würde diese Frage nicht in westlicher Manier unter dem Blickwinkel des Entweder-oder beantworten, sondern vielmehr mit einem asiatischen Sowohl-als-auch: Beides ist der Fall.

Das »Geheimnis« der Überlieferung des Buddhismus in Tibet liegt ohne Zweifel in der Kombination von drei Aspekten buddhistischer Praxis: dem gewissenhaften Studium der Lehre, der Kontemplation des Gelernten und der Meditation unter Anleitung authentischer Lehrer auf der Grundlage dieses Wissens. Diese Aspekte haben ihre Anziehungskraft weder für Tibeter noch für Europäer, die auf der Suche nach neuen Wegen sind, verloren. Im Gegenteil: Die Anziehungskraft des tibetischen Buddhismus scheint ungebrochen, von einer weiteren Verbreitung ist auszugehen. Wir sollten akzeptieren, dass sich infolge der unterschiedlichen kulturellen Hintergründe zwangsläufig unterschiedliche Entwicklungen ergeben. So wie Tibet einst aus dem indischen Tantrismus sein eigenes buddhistisches System entwickelt hat, wird auch der im Westen rezipierte tibetische Buddhismus teilweise neue Wege gehen. In Ansätzen ist dies bereits erkennbar.

ANMERKUNGEN

[1] Geshe Lhündub Söpa und Jeffrey Hopkins: *Der tibetische Buddhismus*, Düsseldorf/Köln ²1981, S. 18.

[2] G. Tucci / W. Heissig: *Die Religionen Tibets und der Mongolei*, Stuttgart/Berlin/Köln/Mainz 1970, S. 119.

[3] Dalai Lama: *Die Weisheit des Herzens*, München 1987, S. 114.

[4] Geshe Lhündub Söpa und Jeffrey Hopkins, a.a.O., S. 14.

[5] Regina von Brück / Michael von Brück: *Die Welt des tibetischen Buddhismus – eine Begegnung*, München 1996, S. 77.

[6] Vgl. ebd., a.a.O., S. 80, und V. Zotz: *Geschichte der buddhistischen Philosophie*, Reinbek 1996, S. 164.

[7] Regina und Michael von Brück, a.a.O., S. 73.

[8] Ebd., a.a.O., S. 75.

[9] Karl-Heinz Everding: *Tibet*, Köln 1999, S. 87.

[10] Vgl. Peter Gäng: *Tantrischer Buddhismus. Experimentelle Mystik, radikale Sinnlichkeit*, Berlin 2001, S. 24.

[11] G. Tucci / W. Heissig, a.a.O., S. 227. Die Fülle der dem tibetisch-buddhistischen Pantheon angegliederten Gottheiten wird überdeutlich, wenn man realisiert, dass selbst das über 2000 Abbildungen göttlicher Wesenheiten umfassende Werk von Lokesh Chandra (*Buddhist Iconography*, compact edition, New Delhi 1991, Sata-Pitaka Seriers, Indo-Asian Literatures, Bd. 342) keine der zahlreichen tibetischen Berggottheiten aufnehmen konnte.

[12] G. Tucci / W. Heissig, a.a.O., S. 232.

LITERATUR

Brück, Regina von/Brück, Michael von: *Die Welt des tibetischen Buddhismus. Eine Begegnung*, München 1996

Dagyab Rinpoche, Loden Sherap: *Buddhistische Glückssymbole im tibetischen Kulturraum*, München 1992

Dalai Lama: *Die Lehren des tibetischen Buddhismus*, Hamburg 1998

Dalai Lama: *Die Weisheit des Herzens*, München 1987

Gäng, Peter: *Tantrischer Buddhismus. Experimentelle Mystik, radikale Sinnlichkeit*, Berlin 2001

Geshe Lhündub Söpa/Hopkins, Jeffrey: *Der tibetische Buddhismus*, Düsseldorf/Köln ²1981

Goldstein, Melvyn C.: *A History of Modern Tibet, 1913–1951*, Berkeley 1989

Goldstein, Melvyn C./Kapstein, Matthew T. (Hg.): *Buddhism in Contemporary Tibet*, Berkeley/Los Angeles/London 1998

Gruschke, Andreas: *The Cultural Monuments of Tibet's Outer Provinces: Amdo*, 2 Bde., Bangkok 2001

Ders.: »Die buddhistische Akademie in Serthang«, in: *Rigpa Rundbrief*, 11. Jg., Nr. 2 (Juli 1999), S.20–27

Ders.: *Mythen und Legenden der Tibeter. Von Kriegern, Mönchen, Dämonen und dem Ursprung der Welt*, München 1996

Ders.: *Tibet. Weites Land auf dem Dach der Welt*, Freiburg 1993

Hoffmann, Helmut: *Die Religionen Tibets. Bon und Lamaismus in ihrer geschichtlichen Entwicklung*, Freiburg 1956

Lütkehaus, Ludger: *Schöner meditieren – der esoterisch verhunzte Buddhismus*. Marburg/Lahn 1995

Michael, Franz: *Rule by incarnation: Tibetan Buddhism and Its Role in Society and State*, Boulder/Colorado 1982

Notz, Klaus-Josef: *Lexikon des Buddhismus. Grundbegriffe, Traditionen, Praxis*, Wiesbaden 2002

Samuel, Geoffrey: *Civilized Shamans. Buddhism in Tibetan Societies*, Washington, D.C./London 1993

Schäfer, Ernst: *Das Fest der weißen Schleier*, Durach 1988

Schulemann, Günther: *Geschichte der Dalai-Lamas*, Wiesbaden 1958

Tucci, Giuseppe/ Heissig, Walther, *Die Religionen Tibets und der Mongolei*, Stuttgart/Berlin/Köln/Mainz 1970

Zotz, Volker: *Geschichte der buddhistischen Philosophie*, Reinbek 1996

DER AUTOR

Andreas Gruschke, geboren 1960, Studium der Geographie, Ethnologie und Sinologie, mehrere längere Studien- und Arbeitsaufenthalte in China, Tibet und anderen asiatischen Ländern. Rund 40 Reisen in die verschiedenen Regionen des Hochlandes haben ihn mit der kulturellen wie auch landschaftlichen Vielfalt Tibets vertraut gemacht. Heute freier Autor und Bildjournalist mit Schwerpunkt »tibetischer Kulturraum«, Tätigkeiten in der Erwachsenen- und Weiterbildung. Bei Diederichs sind von ihm zwei Bände über Mythen und Legenden der Tibeter erschienen (DG 124, *Von Kriegern, Mönchen, Dämonen und dem Ursprung der Welt*, und DG 137, *Die heiligen Stätten der Tibeter*).

Seit mehreren Jahren Arbeit an einem umfassenden Werk über Kulturdenkmäler in Osttibet (*The Cultural Monuments of Tibet's Outer Provinces: Amdo*), wovon bereits die beiden Bände *The Qinghai Part of Amdo* und *The Gansu and Sichuan Parts of Amdo* (2001) erschienen sind. In diesem Zusammenhang entstand auch die arte-Filmdokumentation »Klosterboom in Tibets Osten« (2002), für die der Autor beratend tätig war.